979-8-5735-0836-8

WIDMUNG

Dieses Buch widme ich meinem verstorbenen Opa, dem ich meine Leidenschaft fürs Schreiben verdanke.

Vorwort

Manchmal sehnt man sich schon als Kind nach einem Leben, das man sich von anderen Menschen abgeschaut hat. Es scheint sie glücklich zu machen und zu erfüllen. Und so arbeitet man mit den Jahren auf dieses eine Leben hin, um es sich selbst zu ermöglichen.
Ein wesentlicher Bestandteil eines solchen Lebens, wie ich es mir seit jeher gewünscht hatte, stellte für mich schon immer ein Hund dar. Er gehörte für mich einfach zum Leben dazu. So war in meinem Kopf von klein auf eine Familie immer erst dann komplett, wenn sie auch einen Hund hatte. Wie für andere Menschen das zweite, dritte oder vierte Kind die Familie vervollständigte, war es in meiner Version eben der Hund.
Warum sich dieser Gedanke bei mir so fest ins Gehirn eingebrannt hatte, weiß ich selbst nicht. Vielleicht assoziiere ich insgeheim mit einem Hund einen Beschützer, der als Oberhaupt der Familie fungiert und sie zusammenhält. Der auf seine Menschen aufpasst und als treuer Begleiter mit ihnen durchs Leben geht. Vielleicht habe ich aber auch einfach nur zu viele Familien gesehen, die immer einen Hund im Schlepptau hatten und schlichtweg glücklicher als andere Familien wirkten.
Wenn ich an unsere Familienhunde denke, muss ich nicht lange überlegen, ob wir glücklicher mit oder ohne sie waren beziehungsweise sind. Für meine Eltern ist unsere aktuelle Jack-Russel Hündin Lilli beispielsweise wie ein drittes Kind. Meine Mutter nennt sie nicht ohne Grund „Fellkind". Für meine ältere Schwester und mich war sie schon immer ein weiteres Geschwisterkind, mit dem wir unser Leben teilten. Durch die wertvollen Jahre an der Seite unserer beiden Jack-Russell-Terrier wurde mir immer klarer, dass ein Leben mit Hund trotz aller Verpflichtungen um einiges lebenswerter ist. Darum entschied ich mich dafür, als ich von zuhause auszog und mir eine eigene Wohnung nahm, mir einen eigenen Hund zu holen, wenn die Umstände passen würden.
Drei Jahre vergingen, bis ich mir endlich selbst ein Leben mit einem eigenen Hund ermöglichen und damit einen großen Traum erfüllen konnte. Mit dem Moment, in dem alle Voraussetzungen dafürsprachen, fing ich an, mich intensiver mit dem Thema zu beschäftigen.
Ich wusste nicht genau, welche Hunderasse es werden sollte. Ich wollte aber von Anfang an einen Rüden haben. Denn mit ihm an meiner Seite wollte ich einen Partner haben, der mich beschützen und an den ich mich anlehnen kann. Dafür musste er aber natürlich auch eine gewisse Größe mitbringen, die bestenfalls der eines kleinen Ponys glich. Für mich konnte ein Hund nämlich nie groß genug sein.

Aus Spaß schmiss ich daher öfter mal den Gedanken in den Raum, dass meine Kinder irgendwann ja einmal auf ihm reiten könnten.
Dieser Hund sollte mich, wo es nur geht, durch mein Leben begleiten und stets an meiner Seite sein. Er sollte später einmal als Familienhund fungieren, der meine eigene kleine Familie vereint. Zudem wollte ich mit ihm Spaß haben können, er sollte lernwillig und vor allem gut erzogen sein. Letzteres war mir besonders wichtig, da ich mich in jeder Situation auf meinen Hund verlassen können möchte und ich besonders bei großen Hunden eine gute Erziehung als wichtig empfinde.
Im Internet schaute ich mich nach verschiedenen Hundezuchten um und entschied mich für einen Welpen, den ich von klein auf großziehen und noch selbst formen konnte. Immer wieder standen die Rassen Labrador und Golden Retriever im Raum, da sie sich besonders als Familienhunde eignen. Ich recherchierte viel bis ich eines Abends bei meiner Suche auf eine Zucht aus Hückeswagen stieß: „Labmaraner"-Welpen waren zu vergeben.
Auch wenn ich den Namen zuvor noch nie gehört hatte, obgleich ich wusste, um welche Rassen es sich handelte, war es bereits beim Anblick der Bilder um mich geschehen. Jetzt hoffte ich nur noch auf das Einverständnis meines Freundes, die Welpen gemeinsam zu besichtigen und uns möglicherweise für einen von ihnen zu entscheiden. Wir waren schon lange Zeit in einer Beziehung und wohnten seit vielen Monaten auch zusammen. Dementsprechend wollte und musste ich ihn auch in diese Entscheidung miteinbeziehen. Mit dem Satz „Wir können ja nur mal gucken fahren" war er sofort mit von der Partie.
Wenige Wochen später zog „Milow" dann schon bei uns ein...

1

Auf dem Weg zur Besichtigung der Hundewelpen waren mein Freund und ich sehr aufgeregt. Schließlich war es unsere erste und, wie sich letztlich herausstellen sollte, auch einzige Besichtigung. Schon seit dem Telefonat mit der Züchterin mutmaßten wir, wie die Welpen, auch als erwachsene Hunde, wohl einmal aussehen werden. Zum damaligen Zeitpunkt waren im Internet kaum Bilder von Labmaranern vorhanden. Dies erschwerte uns natürlich unsere Vorstellung, mit wem wir es wohl später einmal zu tun haben werden. Doch die wenig präsenten Bilder, die wir finden konnten, versprachen schon viel und ließen unsere Vorfreude um einiges größer werden.

Im Vorfeld hatten wir beide uns viele Gedanken über das Leben mit einem Hund gemacht. Schließlich waren wir immer gerne in Urlaub geflogen oder hatten einige Konzerte über das Jahr verteilt besucht, teilweise auch weiter von zuhause weg. Erlebnisse, die mit einem Hund für uns einschränkend sein könnten. Auch andere mögliche Szenarien gingen wir gedanklich gemeinsam durch und überlegten uns, wie wir einem Hund überhaupt gerecht werden können. Überlegungen, die meinen Kopf noch für längere Zeit in Anspruch nahmen. Das war aber auch gut so, denn ich finde es nach wie vor sehr wichtig, sich vorab solche Überlegungen in ausreichendem Maße zu machen. Schließlich hat man als Hundebesitzer seinem Hund gegenüber eine große Verantwortung. Wenn man sich einmal für einen Hund entschieden hat, dann gibt es keine Ausreden mehr. Für die nächsten Jahre geht man dann gemeinsam mit ihm durchs Leben.

Vor unserer ersten Begegnung mit den Hundewelpen befassten wir uns dann noch einmal konkreter mit den beiden Rassen Labrador und Weimaraner. Wir informierten uns, ob sie auch charakterlich zu unseren Ansprüchen und Vorstellungen passen. Für mein Empfinden prallen bei dieser Konstellation zwei Welten aufeinander: Der sportlich schlanke Weimaraner als Jagdhund trifft auf den verfressenen tollpatschigen Labrador als Familienhund. Vielleicht etwas überspitzt dargestellt, aber im Grunde genommen trifft es den Kern schon ganz gut. Es war uns klar, dass wir uns nicht nur von den treuen Blicken und dem drolligen Aussehen der Welpen um den Finger wickeln lassen durften. Wir mussten auch über den Tellerrand hinausschauen und uns vor Augen halten, welche Herausforderung wir bald annehmen würden, wenn wir uns für einen von ihnen entscheiden.

Bei unserer Ankunft empfing uns die Züchterin mit offenen Armen und war genauso freundlich und herzlich wie bereits am Telefon. Sie führte uns direkt zum sogenannten C-Wurf und ließ uns für einige Minuten inmitten der kleinen süßen Fellknäuel allein. Dadurch, dass

der Wurf zwar aus elf Welpen bestand, wenige von ihnen aber schon vergeben waren, wurden wir nur mit den noch freien vertraut gemacht. Wir wussten gar nicht so recht, wohin wir zuerst schauen sollten. Ein Welpe süßer als der andere. Wir hätten uns wohl nie genug sattsehen können.
Auch wenn die Zeit vor Ort wie im Flug verging, kosteten wir sie vollkommen aus und schenkten jedem einzelnen Welpen unsere volle Aufmerksamkeit. So nahmen wir jeden in den Arm, kuschelten mit ihm und beobachteten ihn. Parallel dazu tauschten wir unsere Gedanken aus. Während wir mit ihnen beschäftigt waren, erzählte uns die Züchterin einiges über den Wurf und den Labmaraner an sich. Anhand der Informationen vervollständigte sich allmählich das Bild in unserem Kopf, welches wir seit dem ersten langen Telefonat mit ihr versucht hatten zu ergänzen. Auch wenn wir nach der Besichtigung schon wieder einige neue Informationen vergessen hatten, konnten wir uns zumindest wesentliche Aussagen, besonders zu unserem Welpen, noch bis heute merken.
Die Züchterin korrigierte uns beispielsweise, als wir das Wort „Mischling" in Zusammenhang mit dem Labmaraner brachten. Sie erklärte uns, dass ein Labmaraner kein Mischling, sondern ein Hybrid sei, weil seine Eltern zwei verschiedene Rassen sind. Ihre Verpaarung sei, anders als bei Mischlingshunden, geplant gewesen. Hier habe man bewusst darauf geachtet, dass die positiven Eigenschaften des Labradors und die des Weimaraners akkumuliert werden. Mit diesem Wurf würde man auch nicht weiterzüchten. Die Züchterin kannte jeden ihrer elf Welpen so gut, dass sie uns zu jedem einzelnen auf Nachfrage hätte etwas sagen können. Sie erwähnte uns gegenüber auch, dass sie einigen Bewerbern sogar abgesagt habe, wenn sie das Gefühl hatte, dass diese einem Hund nicht gerecht werden würden. Zudem lehne sie prinzipiell Anfragen von Jägern ab, da die Weimaraner-Vorfahren ihrer Labmaraner aus der Show- und nicht aus der Jagdlinie stammten und die Labmaraner dementsprechend auch keine ausgeprägte Jagdnase haben, also keine speziellen Jagdhunde sind.
Je mehr Zeit verging, umso mehr verliebten wir uns in die kleinen Racker. Jeder von ihnen war auf seine ganz eigene Art und Weise besonders. Zu dem Zeitpunkt wussten wir bereits, dass wir einen von ihnen gerne zu uns nach Hause mitnehmen wollten. Noch heute schmunzeln wir über die ursprüngliche Aussage meines Freundes: „Wir können ja nur mal gucken fahren." Jedes Mal, wenn ich diesen Satz anführe, äußert mein Freund, dass er heute auf diese Masche nicht mehr hereinfallen würde. Verständlich... Aber mal ehrlich: Was erwartet man schon, wenn man zu einer Horde kleiner bildschöner Fellknäuel fährt, die einem so den Kopf verdreht? Ich glaube, dass er

die Situation und seine eigenen Emotionen ganz einfach unterschätzt hat. Ich hingegen hatte mich gedanklich schon vorher darauf eingestellt, dass wir bei der Besichtigung vor Ort sicherlich mit unseren Gefühlen hadern werden. Schließlich kannte ich das Prozedere schon aus der Vergangenheit, in der meine Familie sich bereits zweimal für einen Hund entschieden hatte.

Uns für einen Welpen zu entscheiden, fiel uns alles andere als leicht, zumal wir auch noch die Wahl zwischen silbernen und charcoal farbenen, weiblichen und männlichen Welpen hatten. Da für uns aber von Anfang an die silbernen interessanter waren und eigentlich nur ein Rüde in Frage kam, schmälerten diese Vorstellungen unsere Auswahl enorm. Während ich also dabei war, die drei silbernen Rüden miteinander zu vergleichen, teilte mir mein Freund mit, dass er sich bereits für einen der dreien entschieden habe. Sein Favorit knabberte fortlaufend an den Schnürriemen meines Freundes und baute dadurch eine gewisse Nähe zu ihm auf. Mein Freund hatte ihn auch deshalb ausgewählt, weil er der dickste im Wurf war und besonders drollig aussah. So ließ auch ich von den anderen Welpen zunächst einmal ab und wollte Näheres über ihn von der Züchterin wissen.

Die Züchterin verriet uns, dass der favorisierte Welpe meines Freundes als dritter des Wurfes spätabends zur Welt gekommen war. Er habe als einziger seine feste Zitze beim Muttertier, die er aufs Äußerste verteidigt. Mit seinem Dickkopf hatte er sich so die meiste Milch beschaffen können, weshalb er nun auch den dicksten Bauch von allen im Wurf aufwies. Auch wenn mich die Informationen über ihn sehr beeindruckt hatten, konnte ich zu dem Zeitpunkt aber immer noch nicht wirklich beurteilen, ob er mir von den Dreien auch optisch am besten gefiel. Schließlich mussten wir unsere Entscheidung ja mehr oder weniger anhand des Aussehens der Welpen treffen. So hielt uns die Züchterin zum direkten Vergleich netterweise alle drei Rüden nebeneinander hin, sodass wir sie im Einzelnen noch einmal genauer betrachten konnten.

Hinsichtlich der Optik der Welpen bestärkte die Züchterin die Entscheidung meines Freundes, indem sie uns zeigte, dass sein Favorit die goldene Mitte zwischen einem Labrador und einem Weimaraner darstellte. Aber auch charakterlich, so sagte sie, passe dieser Welpe am besten zu uns und unseren persönlichen Ansprüchen, die wir an einen Hund hatten. Wir hatten ihr diese ja bereits im Vorfeld mitgeteilt. Während durch die Aussagen der Züchterin für meinen Freund feststand, dass dieser Welpe es, wenn, werden würde, schwankte ich auf einmal noch zwischen ihm und – trotz sämtlicher Begeisterung für einen Rüden – einem wunderschönen Weibchen. Dieses war mir nämlich von Anfang an aufgefallen und stellte mit ihrer zarten Statur einen deutlichen Kontrast zu unserem Rüden dar. Auch wenn beide nicht miteinander vergleichbar waren, so brachten sie doch beide auf ihre ganz eigene Art und Weise mein Herz zum Schmelzen. Da das Weibchen auch meinen Freund mit in den Bann zog, erschwerte es unsere gemeinsame Entscheidung um einiges.

Am Ende der Besichtigung waren wir wirklich hin- und hergerissen, aber auch vollkommen überwältigt. Anlässlich der ganzen Informationen und Eindrücke, die wir zu verarbeiten hatten, wussten wir nicht mehr, ob wir dieser Verantwortung überhaupt gerecht werden würden – und wenn ja, auf wen unsere Wahl letztlich fiel. Daher verblieben wir mit der Züchterin so, dass wir ihr am nächsten Tag eine Tendenz mitteilen, wen der beiden wir, wenn, nehmen würden. Schließlich waren die Welpen heiß begehrt und sie konnte nicht länger beide für uns zurückhalten. Nach zwei Nächten sollten wir ihr dann final zu- oder absagen. Damit folgten 48 Stunden, die uns sämtliche Emotionen abverlangten. In beiden Nächten konnten wir nur wenig schlafen, weil wir wussten, dass zwei Entscheidungen getroffen werden müssen und wir ihre Auswirkungen erahnen konnten. So schauten wir uns immer wieder die Bilder und Videos von den Welpen an, die wir vor Ort von ihnen aufgenommen hatten. Wir verglichen die beiden miteinander, wenngleich dies auch unmöglich war, und gingen gedanklich fortlaufend das Für und Wider durch.

Aufgrund unserer ursprünglichen Entscheidung für einen Rüden blieben wir bei unserer Meinung und sagten der Züchterin am ersten Abend nach der Besichtigung für ihn zu und das Weibchen ab. So schwer uns diese Entscheidung auch fiel, wir hatten nun mal die Qual der Wahl. Die nächsten Stunden, die auf unsere Zusage folgten, trieben meinen Freund und mich fast an den Rand der Verzweiflung. Tun wir das Richtige? Passt ein Labmaraner wirklich zu uns? Was ist, wenn wir seinen Anforderungen nicht gerecht werden können? Fragen über Fragen, die uns intensiv beschäftigten. Zweifel und auch Selbstzweifel machten sich in uns breit. Sorgen und Ängste kamen auf, die uns beide zwar einander näherbrachten, aber auch für viel Gesprächs- und Diskussionsstoff sorgten. Es floss bei mir so manche Träne, weil wir uns mit der Entscheidung so schwertaten. Unsere Familienangehörigen und engsten Freunde wussten von unserem Vorhaben und waren Feuer und Flamme für einen Hund. Sie gaben uns aber auch zu bedenken, welche Verantwortung an der Entscheidung für einen Welpen hängt. Letztlich mussten wir die Entscheidung aber ohnehin alleine treffen, weil wir für diesen Hund verantwortlich sein würden.

Gedanklich stellten wir uns unseren Welpen in einer anderen Familie vor und spürten beide, dass diese Vorstellung sich nicht richtig anfühlte. Wenngleich wir auch wussten, dass wir viele Einschränkungen durch ihn haben würden, wollten wir ihn in keinem anderen Zuhause sehen.

Irgendwie gehörte dieser Welpe doch schon zu uns, unser Herz hatten wir längst an ihn verloren. Meine Mutter sprach mir übrigens vor dieser wichtigen Entscheidung den nötigen Mut zu und sagte, wie schon so oft im Leben, zu mir: „Es gibt nie den richtigen Zeitpunkt dafür." Und damit hatte sie so verdammt Recht. Gibt es im Leben überhaupt den richtigen Zeitpunkt für etwas? Ich glaube nicht. Grundsätzlich bin ich der Überzeugung, dass ein Zeitpunkt nur dadurch richtig ist, dass man ihn selbst zu diesem macht. Dabei haben wir es selbst in der Hand, ihn zu bestimmen. Und so war es eben auch mit unserer Entscheidung für einen Hund.
Bis zum Ende machten wir es mit unserer Entscheidung spannend, wägten noch einmal viele Gedanken miteinander ab. Letztlich griff ich dann aber am zweiten Abend nach der Besichtigung auf die letzte Minute zum Handy und wählte mit pochendem Herzen die Nummer der Züchterin. „Ja, wir würden ihn gerne nehmen!" platzte es aus mir heraus. Mit diesen Worten fiel ein großer Stein von meinem Herzen und ich konnte die Erleichterung deutlich spüren. In dem Moment hatte ich mit vielen Freudentränen zu kämpfen und konnte kaum glauben, dass wir gerade zu unserem neuen Familienmitglied „ja" gesagt haben. So schnell wie ich den Satz ausgesprochen hatte, so schnell holten mich auch meine Gedanken wieder auf den Boden der Tatsachen zurück: Wir mussten uns jetzt intensiv auf den Einzug unseres Welpen vorbereiten!

Eine gute Vorbereitung ist die halbe Miete – das war auch unser Motto. Zwischen der ersten Besichtigung und dem Einzug unseres Welpen lagen gerade einmal zwei Wochen und zwei Tage. Zeit, die wir sinnvoll nutzen wollten, um uns auf alles bestens vorzubereiten. Schließlich hatten wir beide persönlich noch keine Erfahrung mit den beiden Hunderassen gehabt und auch die Welpen-Phase unseres zweiten Familienhundes hatte schon einige Jahre zurückgelegen. So musste auch ich gedanklich fast wieder bei null anfangen. Neben vielen weiteren Informationen, die wir uns über den Hybrid beschaffen wollten, mussten auch Anschaffungen getätigt sowie die Hundehaftpflichtversicherung, die Steuer und Anmeldungen abgeschlossen und eine Prüfung bestanden werden. Es war eben nicht damit getan, unserem Welpen nur sein neues Zuhause schön herzurichten. Mit einer solchen Verantwortung gehen viel mehr Verpflichtungen einher als man zunächst vermuten würde. Das wurde auch uns klar, spätestens als wir zu unserem Welpen „ja" gesagt hatten.
Organisiert wie ich war, erstellte ich uns zwei To-Do Listen mit verschiedensten Aufgaben, die zum Einzug unseres Welpen erledigt werden mussten. So sollten wir auch nichts vergessen. Die To-Dos unterteilte ich in die beiden Phasen „vor dem Einzug" und „nach dem Einzug". Mit und mit arbeiteten wir eine Erledigung nach der anderen ab. Dadurch, dass wir den Welpen bald abholten, drängte die Zeit etwas. Aufgrund unserer eigenen Erfahrung kann ich nur dazu raten, mit der Vorbereitung früh genug anzufangen. So nimmt man sich selbst den Zeitdruck und kann dem Kommen des Welpen entspannter entgegensehen. Manche Erledigungen sind an verschiedene Kenntnisse geknüpft, die voraussetzen, dass man sich bereits für einen Hund entschieden hat. Denn die Hundehaftpflichtversicherung oder Napfgröße orientieren sich beispielsweise an der Rasse beziehungsweise der Größe des Hundes. Sie können also erst dann abgeschlossen beziehungsweise ausgesucht werden, wenn klar ist, welcher Hund es denn sein soll.

Unsere beiden To-Do Listen sahen wie folgt aus:

<u>Vor dem Einzug</u>

- Hundehaftpflichtversicherung abschließen
- Sachkundenachweis erbringen
- Tierarzt, Hundeschule und Hundesitter suchen und Termine ausmachen
- Erstausstattung kaufen

- Vorkehrungen treffen wie beispielsweise alles hochstellen, was ein Welpe anknabbern könnte
- Über die Hunderasse und -erziehung informieren

Nach dem Einzug

- Hundesteuer anmelden
- Hund beim Ordnungsamt der eigenen Stadt angeben
- Rest der Erstausstattung kaufen

Da die To-Dos hier nur kurz und knapp aufgelistet sind, möchte ich gerne im Folgenden näher darauf eingehen.
Nachdem wir uns für unseren Welpen entschieden hatten, war uns klar, dass wir eine Hundehaftpflichtversicherung abschließen sollten. Für Hundehalter ist sie zwar grundsätzlich nicht verpflichtend, kann sich aber auszahlen, wenn der eigene Hund einen teuren Schaden verursacht. So verglichen wir auf bekannten Online-Portalen verschiedene Hundehaftpflichtversicherungen miteinander und wählten die mit dem besten Preis-Leistungs-Verhältnis. Bei der Wahl war uns eine hohe Deckungssumme besonders wichtig, bei der es um einen zu zahlenden Schaden geht, den der eigene Hund angerichtet hat. Die Hundehaftpflichtversicherung konnten wir praktischerweise schon vor dem Einzug unseres Welpen abschließen, da wir nur wenige Angaben zu ihm machen mussten, die uns zu dem Zeitpunkt schon vorgelegen hatten. Wir terminierten die Versicherung so, dass sie ab dem Tag des Einzugs unseres Welpen bei uns gültig war.
Bei unseren Online-Recherchen nach Labmaranern stießen wir auch auf die Pflicht von Hundehaltern, einen Sachkundenachweis zu erbringen. Von diesem Nachweis sind gemäß dem Landeshundegesetz alle Halter betroffen, die im Besitz von gefährlichen Hunden, Hunden spezieller Rassen oder großen Hunden sind. Unser Labmaraner fiel unter die Kategorie „große Hunde“, da er ausgewachsen eine Schulterhöhe von mindestens 40 Zentimetern haben und (oder gilt auch) schwerer als 20 Kilogramm wiegen werden würde. Seine Züchterin hatte uns das schon beim ersten Kennenlernen prophezeit. Wir hielten an der Aussage der Züchterin fest und wollten frühzeitig den Sachkundenachweis erbringen, um auf der sicheren Seite zu sein. Da mindestens einer der Halter eines solchen Hundes dazu verpflichtet ist, die Sachkundeprüfung abzulegen, meldete ich mich zu dieser beim Umwelt- und Verbraucherschutzamt, Lebensmittelüberwachung Lebensmittelüberwachung und Veterinärdienste wenige Wochen später an. Anhand eines Fragenkatalogs bereitete ich mich online auf die Prüfung vor, in der mir kurze Zeit später beim Amt 34 Fragen aus dem Katalog gestellt wurden. Von diesen musste ich 24 komplett richtig beantworten. Die Prüfung konnte ich glücklicherweise erfolgreich absolvieren und bekam wenige Tage später den Nachweis

darüber per Post nach Hause zugeschickt. Diesen benötigten wir auch für die Anmeldung unseres Hundes beim Ordnungsamt.
Bereits vor dem Einzug unseres Welpen wollten wir uns auch schon einmal ganz gerne nach einem Tierarzt, einer Hundeschule und einem möglichen Hundesitter umsehen, die wir bald in Anspruch nehmen würden.
Bei der Wahl des Tierarztes war uns wichtig, dass sich die Praxis in der Nähe unseres Zuhauses befindet und das Team bestenfalls aus mehreren Ärztinnen beziehungsweise Ärzten besteht, die in unterschiedlichen Fachbereichen tätig sind – im Fall der Fälle könnte dies für uns und unseren Hund ja nützlich sein. Zudem berücksichtigten wir bei der Wahl die Sprechstunden der jeweiligen Praxen, die für uns in Frage kamen, da wir ja beide berufstätig waren beziehungsweise sind. So musste es für uns möglich sein, auch noch nach der Arbeit mit unserem Hund einen Tierarztbesuch wahrnehmen zu können.
Unsere Wahl fiel letztlich auf eine Tierarztpraxis in der Nähe unseres Zuhauses, in der mehrere Ärwztinnen beziehungsweise Ärzte arbeiten und die auf Terminwünsche sehr flexibel eingeht. Das Team ist sehr freundlich und arbeitet gewissenhaft, sodass wir noch heute mit unserer Entscheidung für die Praxis sehr zufrieden sind. Kurz nach dem Einzug unseres Welpen waren wir zum ersten Mal mit ihm bei der Tierärztin, um ihn dort zu einem Check Up vorzustellen.
Bei der Wahl der Hundeschule hingegen gingen wir recht pragmatisch vor. Da wir keine besonderen Ansprüche an sie hatten, entschieden wir uns für die Nahegelegenste. Mit ihrem Onlineauftritt und ihrer Bewertung hatte uns eine schon auf Anhieb sehr angesprochen. So vereinbarten wir bereits vor dem Einzug unseres Welpen mit einer Hundetrainerin aus der Hundeschule ein erstes Kennenlernen vor Ort und waren schon sehr gespannt darauf. Auch wenn wir keine genauen Vorstellungen davon hatten, was uns dort erwarten würde, versprachen wir uns viel von ihr.
Für uns beide stand schon immer fest, dass wir mit unserem gemeinsamen Hund gerne eine Hundeschule besuchen möchten. Da wir es in unserem Fall nun auch noch mit einem Welpen zu tun hatten, der einmal sehr groß werden würde, wollten wir ihn erst recht von klein auf mit gutem Gewissen erziehen. Auch wenn ich bereits Erfahrung mit Hunden und in der Erziehung eines Welpen gehabt hatte, traute ich mir beziehungsweise uns diese Aufgabe in dem Fall nicht ganz alleine zu. So befürwortete ich es sehr, dass wir uns durch eine Hundeschule Unterstützung bei der Hundeerziehung holen. Es bleibt aber natürlich jedem selbst überlassen, eine Hundeschule in Anspruch zu nehmen oder auch nicht.
Als es dann bei uns um die Suche eines Hundesitters ging, war es uns

besonders wichtig, jemanden zu finden, die beziehungsweise der Erfahrung mit Hunden, bestenfalls auch mit Welpen, hat und daher auch mit ihnen umzugehen weiß. Wir wünschten uns einen liebevollen Umgang mit unserem Welpen und eine gewisse zeitliche Flexibilität. In den Anfangsmonaten sollte der Hundesitter unseren Welpen stundenweise zu sich nach Hause nehmen und sich um ihn kümmern, wenn wir über mehrere Stunden hinweg verhindert waren. Natürlich hätten auch Verwandte oder Bekannte auf unseren Welpen aufpassen können, nur leider scheiterte es oft an ihrer Erfahrung, Zeit oder Muße. Zudem waren uns Fremde irgendwie auch lieber, weil sie oftmals unvoreingenommener sind und einem selbst bei Diskrepanzen nicht so nahestehen. Zu dieser Zeit wollten wir unseren Welpen auch noch nicht so lange bei uns zuhause alleine lassen, da er sich sonst schnell einsam fühlen könnte.
Wir schalteten bereits vor dem Einzug unseres Welpen und auch später noch einmal online Stellenanzeigen, um auf diesem Weg die passende Person für den Job zu finden. Letztlich steht aber natürlich auch hier jedem Hundehalter frei, sich nach einem Hundesitter umzusehen oder auch nicht. Schließlich ist nicht jeder auf einen angewiesen oder möchte einem anderen, vor allem Fremden, die Obhut seines Hundes übertragen. In unserem Fall hat sich dieser Weg aber einfach angeboten. Denn auch wenn für uns die Liebe zu unserem Hund immer außer Frage gestanden hatte, war es uns dennoch wichtig gewesen, weiterhin Veranstaltungen oder Konzerte beispielsweise wahrnehmen zu können, bei denen die Mitnahme von Hunden nicht gestattet ist. Unser ganzes bisheriges Leben sollte sich für uns nicht komplett ändern, nur weil wir jetzt Hundeeltern waren, wenngleich wir natürlich an anderen Stellen auch viel Rücksicht auf unseren Welpen nahmen.
Im Rahmen des Einzugs unseres Welpen gehörten für uns zur Erstausstattung ein Futter- und Trinknapf, Futter, eine Leine, mehrere Körbchen ausgestattet mit Decken, eine Transportbox, Auto- und Pflegezubehör, Spielzeug und Kauartikel. Beim Kauf der Näpfe sorgten wir direkt vor, indem wir zu den größten griffen, in die einmal die Futter- und Wassermenge unseres ausgewachsenen Hundes passen würde. Auf die Empfehlung eines Bekannten hin bestellten wir unserem Hund zudem noch einige Monate später ein Gestell, in welches die beiden Näpfe eingehängt werden können. Es ermöglicht unserem Hund seitdem, im Stehen daraus zu fressen und zu trinken, ohne sich vorne mit seinem Oberkörper überbeugen zu müssen. Für seine Gelenke ist diese Haltung deutlich schonender. In den ersten Wochen und Monaten bekam er noch weiterhin sein Welpenfutter gefüttert, welches wir von seiner Züchterin übernommen hatten. Er vertrug es anfangs noch sehr gut, sodass wir es nicht direkt umstellen

wollten.
Mit dem Kauf eines neuen Halsbandes und eines Geschirrs warteten wir noch bis nach dem Einzug unseres Welpen, da wir ihn zur Anprobe mitnehmen mussten. Schließlich veränderte sich seine Größe stetig und wir wollten diesbezüglich auf Nummer sicher gehen. Mit einer Leine hingegen konnten wir ja erst einmal nichts falsch machen, sodass wir diese vorab kauften. Da wir unserem Hund mehrere Ruheplätze beziehungsweise Schlafmöglichkeiten in unserer Wohnung bieten wollten, besorgten wir ihm zwei Körbchen, ausstaffiert mit Decken, in die er sich reinlegen konnte. Auch hier dachten wir bereits mit, indem wir beide in einer Größe kauften, die für ihn als ausgewachsener Hund noch passen würde.
Die beiden Körbchen stellten wir ihm jeweils im Wohnzimmer und im Schlafzimmer zur Verfügung. Zusätzlich kauften wir ihm noch eine Transportbox, die wir ihm gerne als weitere, diesmal abschließbare, Ruhemöglichkeit bieten wollten. Sie kann in Situationen hilfreich sein, in denen er zwar einerseits „ausquartiert" werden, andererseits aber auch am Geschehen teilnehmen soll. Die anfangs erworbene kleinere Transportbox war ihm allerdings schnell zu klein geworden, sodass wir schon nach wenigen Monaten auf eine deutlich größere zurückgreifen mussten, in die er glücklicherweise noch heute reinpasst.
Um unseren Hund im Auto sicher transportieren zu können, kauften wir ihm für den Anfang eine kleine Tragetasche, die wir samt ihm drin anschnallen konnten. Doch schon nach kurzer Zeit passte unser Welpe in diese nicht mehr rein. So mussten wir uns schnell nach alternativen Transportmöglichkeiten umschauen. Wir entschieden uns für einen Anschnallgurt, eine Abtrennung und eine Auslegedecke für den Kofferraum. Eine Hundebox empfanden wir persönlich als zu sperrig im Auto und zu eng für unseren Hund. So schnallen wir ihn noch heute im Kofferraum an, dass er beim automatischen Öffnen der Klappe nicht direkt herausspringen kann, aber immer noch genug Bewegungsfreiheit hat, um sich im relativ großen Kofferraum ausbreiten und bestenfalls hinlegen zu können.
Für die Fellpflege kauften wir unserem Welpen vor seinem Einzug ein einfaches Hundeshampoo, das wir beim Duschen verwenden wollten, und eine einfache Hundebürste, die wir mit der Zeit gegen eine bessere austauschten. Damit er sich in seinem neuen Zuhause bei uns so richtig wohlfühlen und auch auspowern konnte, besorgten wir ihm noch Welpenspielzeug und weiche Kauartikel in Form von Spielzeug und Fressen. So hatte er die Möglichkeit, mit seinen Milchzähnen an diesem vorsichtig knabbern zu können.
Nach seinem Einzug kauften wir ihm dann, wie bereits schon angesprochen, ein passendes Halsband und Geschirr, das ihm beides

aber auch nur einige Wochen lang passte. Nach dem ersten Tierarztbesuch mit ihm konnten wir unseren Welpen auch endlich steuerpflichtig melden und beim Ordnungsamt der Stadt anmelden, da uns vorher dafür noch verschiedene Angaben gefehlt hatten.
Vielleicht helfen meine beiden Checklisten ja dem ein oder anderen, im Rahmen des Einzugs seines Hundes nichts zu vergessen. Die Listen können aber bestimmt auch noch um weitere To-Dos ergänzt werden. Sie variieren ohnehin von Hundehalter zu Hundehalter, weil sie von den einzelnen Bedürfnissen, Möglichkeiten und Verfügbarkeiten abhängen. Nahezu alle bürokratischen To-Dos betreffen aber jeden Hundehalter, weil sie für die Allgemeinheit verpflichtend sind.
Neben all den To-Dos stand für uns aber noch eine alles entscheidende Frage im Raum: Wie soll unser Welpe eigentlich heißen? An einem Abend, schon vor der ersten Besichtigung der Hundewelpen, schmiss ich einmal den Namen „Milow“ in den Raum. Ich schlug ihn meinem Freund vor, weil ich fand, dass er ganz cool klingt. Auch wenn ich nicht mehr ganz genau weiß, wie ich auf den Namen gekommen bin, erinnert er mich immer an den Sänger Milow. Nachdem wir die Welpen dann das erste Mal besucht hatten, stand für uns final fest, dass unser Welpe so heißen sollte. Denn sein Gesicht sah so knautschig aus, dass der Name „Milow“ nur zu gut zu ihm passte. So teilten wir ihn seiner Züchterin bei unserem zweiten Besuch mit und hatten Glück, dass wir unseren Welpen so nennen durften. Denn nach uns äußerten noch zwei weitere baldige Hundebesitzer diesen Namenswunsch. Die Züchterin gab uns jedoch den Zuschlag, weil wir die ersten waren.

3

Die Tage bis zum Einzug unseres Labmaraner Welpen Milow vergingen wie im Flug. Wir konnten uns kaum noch gedulden, ihn bald endlich in seiner neuen Familie willkommen heißen zu dürfen. Auf die ersten Tage mit ihm waren wir so gespannt, dass ich die beiden Nächte vor seinem Einzug schon nicht mehr schlafen konnte. Meine Gedanken kreisten nur noch um ihn und unser Zusammenleben. Am meisten aber beschäftigte mich die Vorstellung, ihn von seinen Geschwistern zu trennen und aus dem Rudel zu nehmen. Bei dem Gedanken hatte ich ein so unwohles Gefühl, dass ich mir irgendwie schuldig vorkam. Ich hielt mir jedoch vor Augen, dass Hundewelpen irgendwann nun einmal ausziehen müssen und unserer es hoffentlich sehr gut bei uns haben wird. Diese Vorstellung beruhigte mich schon einmal etwas. An einem Freitagabend nach unserer Arbeit war es dann endlich soweit: Die Fahrt zur Züchterin stand an. Eine knappe Stunde bis zur Ankunft lag vor uns und die Anspannung wuchs immens. Mein Freund und ich spielten auf der Autofahrt gedanklich sämtliche mögliche Szenarien durch, wie sich unser Welpe wohl verhalten würde, wenn wir ihn in Empfang nehmen. Auf sein Verhalten und das seiner Geschwister waren wir schon sehr gespannt und hofften, dass uns allen sein Abschied von seinem bisherigen Zuhause nicht allzu schwerfallen würde. Bei unserer Ankunft wartete Milows Züchterin zusammen mit ihm bereits auf uns. Den Moment, als uns unser neues Familienmitglied völlig unbeholfen entgegengetapst kam, mit seinem Hängebauch kaum vom Boden entfernt, werde ich wohl niemals vergessen können. Er hatte sich bereits von seinen Geschwistern verabschiedet und wartete als einer der letzten seines Wurfes auf seine neuen menschlichen Eltern. Da standen wir nun, im Gespräch mit der Züchterin und mit Blick auf unser kleines süßes Fellknäuel. Das knapp sechs Kilogramm schwere plüschige Päckchen war so tollpatschig, dass es über seine eigenen kleinen, für seinen Körper nach wie vor, viel zu großen Pfoten stolperte. Es rollte sich über den Asphalt, tobte, spielte und suchte immer wieder unsere Nähe. Bei dem Anblick fiel es uns wirklich schwer, den Worten der Züchterin unsere volle Aufmerksamkeit zu schenken. Wenig später war der Moment gekommen, als wir uns gemeinsam mit unserem Welpen von seiner Züchterin und Heimat verabschieden mussten. Sie gab uns einen Futtersack mit seinem Welpenfutter mit, drückte ihn noch einmal ganz feste an sich und wünschte uns dreien alles Glück der Welt, bevor sie uns davonziehen ließ.

Auf der Rückfahrt befand sich Milow auf meinem Schoß, sein Kopf lag in meinem Arm. Ich streichelte ganz sanft sein so unglaublich weiches Welpenfell und roch einige Male an ihm. Nach den ersten fünf Minuten, in denen er ganz aufgeregt aus dem Fenster geschaut und gewimmert hatte, fiel er in einen tiefen Schlaf, der bis zu unserem Zuhause andauerte. Weder mein Freund, der fuhr, noch ich auf dem Beifahrersitz konnten unsere Blicke von unserem neuen Mitbewohner lassen. Es fühlte sich einfach so verdammt richtig an, ihn mit zu uns nach Hause zu nehmen. Unsere Ängste und Zweifel waren für kurze Zeit beiseitegelegt und wir ließen uns voll und ganz auf das neue Abenteuer „Hund" ein.

4

Bei uns zuhause angekommen wachte er wieder auf. Ich stieg mit ihm im Arm gemeinsam aus, während er nochmals anfing ein wenig zu wimmern. Ich versuchte ihn zu beruhigen und nahm ihn mit zu uns hoch in den Wohnungsflur, wo ich ihn dann absetzte. Wir wohnen nämlich im zweiten Stock eines Mehrfamilienhauses. Milow tapste uns ins Wohnzimmer hinterher und begutachtete alles. Nach dem ersten Schnüffeln an sämtlichen Gegenständen legte er sich umgehend auf die kühlen Fliesen im Wohnzimmer und schlief noch einmal ganz entspannt ein. Die ganze Aufregung und die neuen Eindrücke schienen ihn zu ermüden. Mein Freund und ich mussten uns bei dem Anblick wirklich zusammenreißen, nicht laut loszulachen. Unsere Anspannung war mit einem Mal verfolgen, da er sich sichtbar bei uns wohlzufühlen schien – und das war in dem Moment alles, was für uns zählte. Wir nutzten die Zeit, in der er schlief, indem wir Bilder von und mit ihm machten, ohne dass ihn dies stören könnte. Er sah einfach zu süß aus...

Auch wenn wir an dem Abend und in den darauffolgenden Tagen am liebsten rund um die Uhr mit ihm gekuschelt hätten, zogen wir es dennoch vor, ihm erst einmal die Chance zu geben, sich in seiner neuen Umgebung einzuleben. Unsere Erstausstattung kam übrigens weder an dem Abend noch an den darauffolgenden Tagen wirklich zum Einsatz. Denn mit einer Leine, einem Körbchen oder einer Transportbox konnte er am Anfang noch gar nichts anfangen. So war es in den kommenden Tagen und Wochen unsere Aufgabe, ihn an all diese Dinge langsam heranzuführen. Doch bevor es dazu kommen konnte, mussten wir erst einmal unsere erste gemeinsame Nacht hinter uns bringen.

Vor der ersten Nacht mit unserem Welpen hatten mein Freund und ich großen Respekt, da wir uns vorstellen konnten, dass Milow seine Geschwister spätestens zu dem Zeitpunkt vermissen und dementsprechend wimmern würde. Zudem ahnten wir, dass wir ständig mit ihm vor die Tür gehen müssen, um ihm die Stubenreinheit von Anfang an beizubringen. Ich erklärte mich daher schon im Vorfeld dazu bereit, die erste Nacht mit unserem Welpen alleine mit ihm im Wohnzimmer zu verbringen. Er könnte neben oder auf der Couch bei mir schlafen und ich hätte so die Möglichkeit, mit ihm rauszugehen, wann immer er müsste – ohne meinen Freund dabei zu wecken. Schließlich war Wochenende und so konnte zumindest einer von uns schlafen. Gesagt, getan. Während sich mein Freund ins Schlafzimmer zurückzog, versuchte ich unserem Welpen und mir einen gemütlichen Platz im Wohnzimmer herzurichten. Ich stellte ihm sein Körbchen neben unsere Couch, platzierte ihm darin eine kuschelige Decke und

hoffte, er würde sich dort hineinlegen. Denn die Variante, ihn direkt zu mir auf die Couch zu holen, wollte ich mir noch als Ass im Ärmel offenhalten. So legte ich mich auf die Couch und versuchte ihm damit die nötige Ruhe zum Schlafen zu vermitteln. Doch Milow fand seit der ersten Minute keine Ruhe und konnte, wie schon gesagt, mit dem Körbchen und der Decke noch gar nichts anfangen.
Milow schien nicht nur damit, sondern primär mit der Gesamtsituation komplett überfordert und unzufrieden zu sein. Dies äußerte er, indem er seinem Missmut und seiner Sehnsucht nach Zuhause durch phasenweises Wimmern freien Lauf ließ. So richtig beruhigen konnte und wollte er sich nicht. Er wusste mit sich und der Welt um ihn herum nichts anzufangen – erst recht nichts mit der Dunkelheit und ohne sein Rudel, nur mit mir an seiner Seite. Auch als ich ihn zu mir auf die Couch hochholte, kam er sich sichtbar fehl am Platz vor. So versuchte ich weiterhin ihn zu beruhigen und von seinem Kummer abzulenken, in der Hoffnung, dass er allmählich müde werden würde. Da ich aufgrund seiner anhaltenden Unruhe in der ersten Nacht nur schwer erkennen konnte, ob er sich möglicherweise lösen musste, schnappte ich ihn mir gefühlt jede Stunde und trug ihn auf meinem Arm schnellen Schrittes bis zu einem nahe gelegenen Rasenstück hinaus. Dort setzte ich ihn ab, gab ihm das Kommando zum Lösen und wartete, bis er dies tat. Wenn ich jedoch das Gefühl hatte, dass er sich gar nicht lösen muss, nahm ich ihn wieder hoch auf meinen Arm und trug ihn zurück zu unserer Wohnung. Mit jeder Stunde, die in der ersten gemeinsamen Nacht verging, wurde ich müder und rastloser. Ich hoffte so sehr, dass er sich endlich entspannen würde. Nach mehreren impulsiven Stunden neigte sich nämlich auch meine Geduld langsam dem Ende entgegen.
Am frühen Morgen schlief unser Welpe dann endlich, vor lauter Erschöpfung, auf dem Boden neben mir ein. Ich hatte mich inzwischen zu ihm runtergesellt, weil ich annahm, dass es ihm dort leichter fallen würde. So fanden wir beide, wenn auch nur für kurze Zeit, die nötige Ruhe, die wir längst brauchten. Mit der ersten Nacht in seinem neuen Zuhause endete auch Milows Wimmern, was uns ein positives Gefühl gab. Er schien angekommen zu sein.

5

Zum Glück war Wochenende, sodass wir uns an den ersten beiden Tagen voll und ganz auf unseren Welpen konzentrieren konnten. Denn am Montag mussten wir beide ja wieder wie gewohnt unseren Vollzeitjobs nachgehen. So nahmen wir uns für den ersten gemeinsamen Morgen mit unserem neuen Mitbewohner vor, mit ihm in den nahegelegenen Stadtwald zu gehen. Dieser bietet sich aufgrund seiner Länge für ausgiebige Spaziergänge an und ist daher auch unter den Hundehaltern in Köln sehr beliebt. Uns war aber natürlich bewusst, dass wir mit Milow anfangs keine allzu großen Strecken hinterlegen sollten, damit seine Gelenke geschont bleiben. Zudem würde er ohnehin von den ganzen Umwelteindrücken und -einflüssen schon schnell erschöpft sein, sodass an dem Morgen ein kleiner Spaziergang ausreichte. Letztlich wurde die Runde aber dann doch etwas länger als ursprünglich geplant, was für unseren Welpen aber nicht besonders nachteilig war. Anschließend schlief er dafür umso tiefer und länger.

Auf dem Spaziergang tapste er anfangs ohne Leine neben uns her und folgte uns auf Schritt und Tritt. Schließlich waren wir seine einzige Orientierung, an die er nicht den Anschluss verlieren wollte. Später zogen wir ihm dann zwischendurch die Leine immer mal wieder für ein paar Meter an, damit er sich an sie gewöhnen konnte. Jeder Schritt, den er daran mit uns ging, wurde fleißig mit Leckerlis belohnt. So auch jedes Geschäft, das er währenddessen verrichtete. Während er in der einen Minute noch die Natur erkundete, ließ er sich in der anderen schon wieder vor lauter Erschöpfung auf den Boden fallen. Denn er war im wahrsten Sinne des Wortes hundemüde. Mein Freund und ich genossen den Spaziergang mit ihm sehr und hatten großen Spaß, ihm dabei zuzusehen, wie er sich in seinem neuen Umfeld verhielt. Anderen Spaziergängern, Joggern, Radfahrern und Hunden blieb er natürlich nicht unbemerkt. Schließlich erfuhren seine tollpatschige Art, sein tapsiges Auftreten und sein drolliges Aussehen viel Aufmerksamkeit und bescherten uns so manche Gespräche, in die wir nur wegen ihm verwickelt wurden.

Nach unserem morgendlichen Ausflug machten wir eine Mittagspause und besuchten am Nachmittag meine Familie. Meine Eltern und meine Schwester wollten unser neues Familienmitglied natürlich auch direkt persönlich kennenlernen und empfingen uns schon ganz aufgeregt vor der Haustür. Bei dem Treffen ließen sie unseren Familienhund Lilli jedoch im Haus, weil sich die beiden Hunde anfangs auf neutralem Boden begegnen sollten. So startete nur meine Familie im Garten die ersten Annäherungsversuche mit Milow und verliebte sich sofort in unseren Welpen. Sie alle drei waren

genauso verzaubert wie wir von ihm. Da er von Anfang an so verrückt nach Stöckchen gewesen war, hatte meine Schwester leichtes Spiel mit ihm, als sie ihm eins hinhielt, an das er sich festklammern konnte. Doch er war noch so unbeholfen und wackelig auf den Beinen, dass er immer wieder umfiel und auf sein Gesäß zurückplumpste. Der Boden unter ihm war ja auch noch nicht so weit von seinem kleinen dicken Bauch entfernt. Nach dieser kurzen, aber intensiven Spieleinheit war er schnell erschöpft und schlief auf der Autofahrt zu uns nach Hause fest ein.
Die zweite Nacht mit unserem Welpen verhielt sich ähnlich wie die erste mit ihm, versprach uns allen aber zumindest etwas mehr Schlaf. Wir nahmen Milow diesmal mit in unser Schlafzimmer und stellten ihm einen Korb mit einer Decke drin neben unser Bett auf meine Seite. Wir hofften, dass er sich dort hineinlegen und seinen Schlaf finden würde, doch anfangs kam er wieder nur schwer zur Ruhe. Er raste neben unserem Bett hin und her und war total im Spielmodus. Zwischen Tag und Nacht konnte er zu dem Zeitpunkt noch nicht wirklich unterscheiden. Indem er immer wieder aufs Neue anfing zu bellen, hielt er uns mächtig auf Trab und veranlasste damit, dass wir uns auf den Boden zu ihm hinhockten und ihn langsam und sanft über sein Fell streichelten. Mit viel Zuspruch versuchten wir ihn zu beruhigen und forderten ihn immer wieder auf, sich auf die Decke zu legen. Schließlich wollten nicht nur wir, sondern auch unsere Nachbarn schlafen...
Auch in dieser Nacht sowie in vielen weiteren schnappte ich ihn mir fast stündlich, um ihn zum Lösen vor die Tür zu tragen. Schon nach wenigen Gängen hatte er abermals raus, um was es mir in den Momenten ging. Mit dem entsprechenden Signal löste er sich von Mal zu Mal verlässlicher und lernte erstaunlich schnell, was mich positiv stimmte. Seine Lernfähigkeit und Intelligenz hatte er wohl vom Weimaraner – nicht umsonst gilt die Hunderasse als eine der klügsten. Die Abstände seines nächtlichen Lösens wurden somit von Woche zu Woche größer und wir konnten immer besser einschätzen, wann er wirklich musste. So schnappten wir ihn uns schon bald vorsorglich nach jedem Schlafen, Fressen und Spielen. Spätestens, wenn er unruhig wurde, wussten wir, dass es wieder soweit war. Nach vier Wochen seit seinem Einzug bei uns war Milow schon stubenrein und konnte nachts relativ lange einhalten, worüber wir sehr erfreut waren. Unser Durchhaltevermögen hatte sich ausgezahlt.
Nachdem die zweite Nacht mit unserem Welpen ebenfalls recht turbulent verlaufen war, gingen wir den ersten Sonntag mit ihm ganz gemütlich an.
Besonders interessant in unserer Wohnung fand Milow übrigens unsere Schuhe, die wir unter einer Bank im Flur stehen hatten. Er

liebte es, sich diese zu schnappen, mit ihnen zu spielen und an ihnen zu knabbern. In den ersten Wochen ließen wir sie dort stehen, weil wir ihm beibringen wollten, nicht an sie heranzugehen. Das klappte so lange gut bis wir nicht mehr hinsahen. Mit der Zeit machte er sich nämlich sogar einen Spaß daraus, wenn wir ihn nicht beobachteten und trug sie einzeln blitzschnell in sein Körbchen. Mit dem von ihm inszenierten Spielchen gewann er schnell unsere ganze Aufmerksamkeit und forderte auf dem Weg von uns ein, ständig ein Auge auf ihm zu haben, um noch rechtzeitig eingreifen zu können. Denn nach dem Abtransport ging es üblicherweise mit Anknabbern weiter. Irgendwann fanden wir das Spiel jedoch nicht mehr ganz so lustig wie er und stellten die Schuhe in einem Wäschekorb auf die Bank. So kam er an sie nicht mehr heran und das Thema war durch. Anstelle der Schuhe gaben wir ihm dann mehr Kauartikel, damit er sich an ihnen verausgaben konnte.
Als wir nach wenigen Wochen dachten, dass sich das Thema Schuhe klauen und anknabbern erledigt hätte, stellten wir sie wieder für ihn freizugänglich unter die Bank. Wochen und Monate nahm er Abstand von ihnen, bis er eines Nachmittages unbemerkt die Sohle eines Schuhs des teuersten Pärchens, das mein Freund besaß, um eine ganze Rundung kürzte. Nach diesem Vorfall und unserer Rüge wagte er sich nie mehr an unsere Schuhe.

6

Es war Montagmorgen, mein erster Arbeitstag mit Milow stand an. Schon lange im Vorfeld hatte ich mit meinem damaligen Chef abgeklärt, ihn mit zur Arbeit bringen zu dürfen. Für meinen Chef war dies zum Glück kein Problem und auch meine Kolleginnen und Kollegen waren damit einverstanden gewesen. Sie hatten sich schon sehr auf unseren neuen Mitarbeiter, den ersten Bürohund, gefreut. Dass sie so offen für das Thema gewesen waren, schätzte ich wirklich sehr und rechnete es ihnen ganz hoch an. Denn auch wenn inzwischen viele Arbeitgeber die Mitnahme von Hunden auf der Arbeit gestatten, ist dies noch lange nicht die Regel und gilt häufig noch als ein Privileg. Wobei ich der Meinung bin, dass jeder Arbeitsstätte zumindest ein Bürohund guttäte. Denn Hunde erzeugen allein durch ihre Anwesenheit eine solche Wohlfühlatmosphäre und versüßen den Menschen ihren (Arbeits-)alltag. Das habe ich beides auch am Beispiel von Milow selbst feststellen können.

An unseren ersten gemeinsamen Arbeitstag kann ich mich noch genau zurückerinnern: Nach einer weiteren sehr unruhigen, vor allem aber auch unglaublich heißen, Sommernacht klingelte mein Wecker an diesem Morgen um 6 Uhr. Ich war, genauso wie Milow zu dem Zeitpunkt, hundemüde und hätte noch gut etwas Schlaf vertragen können. Auch in dieser Nacht waren wir einige Male draußen gewesen und hatten dementsprechend nur wenig Schlaf gefunden. In den ersten Wochen hätte man mich nachts übrigens immer in dem gleichen Sportoutfit antreffen können. Ich schlief in den Klamotten ein und stand morgens wieder mit ihnen auf. Denn für ein ständiges An- und Ausziehen blieb keine Zeit, wenn sich unser Welpe schnell lösen musste. Deshalb trugen wir ihn auch immer im Arm bis vor die Haustür hinaus, bevor ein Unglück im Aufzug oder auf der Treppe passieren konnte.

Meinen Arbeitsplatz hatte ich schon einige Tage vor dem ersten Arbeitstag mit Milow für ihn entsprechend eingerichtet. So hatte ich eine Stofftransportbox mit ins Büro genommen, die sich leicht ein- und ausklappen ließ und in der er, auch verschlossen, ruhen konnte. Zudem hatte ich ihm eine kuschelige Decke für darin, zwei Näpfe und einige Spielsachen besorgt. Mit diesen konnte er sich bald die Zeit vertreiben, während ich arbeiten musste. Dadurch, dass ich mir nur mit einer Kollegin ein Büro teilte, war das Zimmer für uns drei groß genug. Die oben aufgelisteten Errungenschaften sind übrigens nicht in der Erstausstattung enthalten, auf die ich in den von mir erstellten To-Do Listen am Anfang dieses Buches hinweise. Denn nicht jeder Hund ist zwingend ein Bürohund und benötigt solch eine entsprechende Ausstattung.

Vor meinem Arbeitsbeginn ging ich noch eine kleine Runde mit unserem Welpen spazieren, bevor ich mit ihm zur Arbeit losfuhr. An diesem Morgen lösten Aufregung und Anspannung meine kurzweilige Müdigkeit schon ganz bald ab. Ich fragte mich, wie Milow wohl bei meinem Team ankommen und ob er mich nicht zu sehr von der Arbeit ablenken würde. Natürlich war ich seinen treuen Blicken mit seinen anfangs eisblauen Augen und seinem drolligen Aussehen hoffnungslos verfallen, doch ich durfte auch meine Arbeit nicht vernachlässigen. Ein solches Gefühl wollte ich weder bei mir noch viel weniger bei meinem Chef aufkommen lassen. So nahm ich mir fest vor, unserem Welpen nicht allzu viel Aufmerksamkeit zu schenken und uns beiden Ruhephasen einzuräumen, auch wenn es mir verdammt schwerfallen würde. Mit der Ankunft meines Teams wurden die Gedanken jedoch schon schnell wieder über Bord geworfen. Schließlich verfielen auch meine Kolleginnen und Kollegen Milows Charme hoffnungslos und ließen sich durch ihn so manches Mal gerne kurz ablenken.
Wenn ich an die Anfangszeit, aber auch an die Monate danach, mit Milow bei meinem ehemaligen Arbeitgeber zurückdenke, erinnere ich mich an viele schöne gemeinsame Momente. Milow hatte mich vom ersten Tag an zur Arbeit begleitet, Tag ein, Tag aus, meisterte den Alltag mit mir und lag mir die meiste Zeit unter meinem Schreibtisch zu Füßen. Ich genoss es sehr, ihn immer dabei zu haben und trotz meiner Arbeit Zeit mit ihm verbringen zu können. Auch meine Kolleginnen und Kollegen hatten ihn schnell in ihr Herz geschlossen und freuten sich immer sehr über seine Nähe. In den ersten Wochen war er noch so anhänglich und kuschelbedürftig, dass er immer an meinen Schreibtischstuhl getapst kam. Ich nahm ihn des Öfteren zu mir hoch auf meinen Schoß, in dem er dann für eine Weile schlief, während ich zeitgleich arbeitete. Witzig wurde es dann wenige Wochen später, als er längentechnisch eigentlich nicht mehr auf meinen Schoß passte. Ihn schien das reichlich wenig zu interessieren, denn er versuchte nach wie vor dort Platz zu nehmen. Mit seinem Kopf und seinen Hinterbeinen ragte er zwar vorne und hinten deutlich drüber, doch immerhin fand er sich nach wie vor wohlbehütet auf meinem Schoß wieder.
So sehr ich diese Zeit mit ihm auch genoss, so sehr stresste sie mich auf der anderen Seite auch. Es wäre an der Stelle gelogen, wenn ich behaupten würde, dass meine volle Aufmerksamkeit und Konzentration zur damaligen Zeit der Arbeit galten. So sehr ich auch versuchte, Milow während meiner Arbeitszeit auszublenden, so sehr merkte ich auch, wie sehr er mich brauchte. Mich als Hundemama mit viel Liebe und Zuneigung, besonders aber auch als Rudelführerin mit klaren Kommandos. Und in zweiter Funktion versagte ich leider

immer und immer wieder. Denn mit zunehmendem Alter und geringerem Schlafbedürfnis seinerseits stand ich besonders auf der Arbeit – schließlich verbrachten wir hier den ganzen Tag miteinander –, ständig vor neuen Konflikten. Lange gab ich ihm die Schuld dafür, bis ich mir mit der Zeit eingestand, dass ich selbst das Problem, aber zugleich auch die Lösung dafür war.
Von Anfang an war ich nicht immer durchgängig konsequent in der Erziehung mit ihm gewesen und hatte ihm so manches durchgehen lassen. Das hatte zum einen daran gelegen, dass ich sein Verhalten oftmals als nicht so schlimm empfunden hatte, es zum anderen aber auch nicht korrigieren wollte, weil ich um den Aufwand wusste. Und an meinem Arbeitsplatz wollte ich keinesfalls den Eindruck erwecken, dass ich mit ihm mehr als mit meinen Aufgaben beschäftigt bin. Das wäre nämlich der Fall gewesen, wenn ich seiner Erziehung intensiv nachgegangen wäre. Bei meiner Arbeitsstelle ging es speziell um Situationen, in denen er keine Ruhe fand. Beispielsweise dann, wenn er sofort aufsprang, um meine Kolleginnen und Kollegen an der Tür stürmisch zu begrüßen, oder wenn er sich zwischen mich und meine Gesprächspartnerinnen und Gesprächspartner drängte.
Milow diszipliniert zu erziehen und gleichzeitig volle Leistung auf der Arbeit zu erbringen, stellte mich an jedem neuen Arbeitstag vor eine große Herausforderung und setzte mich gewaltig unter Druck. Zudem war ich mir oft unsicher, ob ich richtig handelte, und achtete mit großer Vorsicht darauf, niemand anderen durch meine strikten Kommandos zu stören, wenn ich ihn dann mal konsequent zurechtwies. Umso mehr war ich meinem Chef und meinen Kolleginnen und Kollegen für dessen beziehungsweise deren Verständnis, das sie für uns aufbrachten, sehr dankbar. Denn mein Chef konnte auch über manchen Gassigang während der Arbeitszeit, besonders anfangs, hinwegsehen, weil er aber vielleicht auch wusste, dass auf mich und meine Arbeitsqualität ansonsten Verlass waren. Viel Mut, in dieser Zeit über meinen Schatten zu springen und mich den Situationen zu stellen, sprach mir übrigens eine meiner damaligen Kolleginnen und nun enge Freundin zu. Sie hielt mir immer wieder den Spiegel meiner Erziehung vor Augen und unterstützte Milow und mich, wo sie nur konnte. Dafür bin ich ihr noch heute nach wie vor sehr dankbar.

7

In meiner ersten Arbeitswoche mit Milow stand auch unser erster Besuch in der Hundeschule an. Schon bevor er bei uns einzog, hatten wir uns alleine mit einer Hundetrainerin der von uns ausgesuchten Hundeschule getroffen, um mit ihr einige offene Fragen zu klären. Sie hatte den Hybrid Labmaraner gekannt, sodass ihr der Charakter der beiden Hunde nicht fremd gewesen war. Der Hybrid ist übrigens auch unter dem Namen „Weimador" bekannt. Ich habe bislang allerdings immer nur vom „Labmaraner" gehört, sodass ich die Rasse unseres Hundes grundsätzlich so nenne, wenn ich danach gefragt werde.

Unsere Hundetrainerin fand Milow auf Anhieb cool, wenngleich sie uns auch schmunzelnd darauf hinwies, dass wir einiges mit ihm vorhätten. Schließlich sei der Labrador ein verfressener und wasserbegeisterter Familienhund und der Weimaraner ein sportlicher und intelligenter Jagdhund. In Milows Fall fiel der übermäßige Jagdinstinkt ja glücklicherweise weg, weil ihm die Jagdnase dazu fehlte. Uns kam dies sehr entgegen, weil wir nicht unbedingt einen Hund mit einem ausgeprägten Jagdinstinkt favorisierten. Denn auch wenn wir uns vorgenommen hatten, den Rückruf mit ihm intensiv zu trainieren, wollten wir nicht ständig Angst haben müssen, dass er allem und jedem sofort hinterherrennt, sobald er abgeleint ist – ja möglicherweise irgendwann einmal komplett abhaut. Bei uns in der Stadt erschien uns dies nämlich deutlich gefährlicher als auf dem Land.

Dadurch, dass Milow aber zum einen sehr verfressen und zum anderen recht intelligent ist, fällt es uns noch heute relativ leicht, mit ihm zu trainieren. Durch Lob und Leckerlis ist er schnell ansprechbar und setzt meist zügig um, was wir von ihm erwarten. Unsere Hundetrainerin aus der Hundeschule half uns anfangs dabei, dass wir uns mit Milow unseren Ansprüchen entsprechend gezielt auseinanderzusetzen. Mit ihrer Hilfe brachten wir ihm die Grundkommandos bei – Sitz und Platz konnte er übrigens schon am ersten Tag bei uns –, bewältigten heikle Alltagssituationen mit ihm und lösten einzelne konkrete Probleme, die sich mit der Zeit herausstellten.

Neben dem anfänglichen wöchentlichen Einzeltraining besuchten wir mit Milow auch Spielstunden mit anderen Hunden, in denen er Sozialverhalten erlernen sollte. Während er sich noch in der ersten Stunde hinter uns verkrochen hatte, gehörte er schon in den nächsten Stunden mit zum Rudel und spielte mit den anderen Hunden, als gäbe es kein Morgen mehr. Unsere Hundetrainerin hatte ihn bereits in einer der ersten Spielstunden für sein vorbildliches Sozialverhalten anderen Hunden gegenüber gelobt. Er verhielt sich nämlich seinen Spielkameraden gegenüber immer sehr devot. Das spreche absolut

für ihn und seinen tollen Charakter. Noch heute gibt er sich anderen Hunden gegenüber stets freundlich und zeigt sich eher unterwürfig, was wir nach wie vor so sehr an ihm schätzen.
Mit jeder Trainingseinheit, die verging, merkten wir nicht nur, wie wichtig es für uns alle war, dass Milow gut auf unsere Kommandos hörte, sondern auch, wie sehr ihn die Erziehungsmethoden forderten und seinen Kopf beanspruchten. Denn jeder Hund benötigt neben sportlichen Beschäftigungen auch geistige, die dem Gehirn einiges abverlangen und ihn entsprechend auspowern. So und vor allem auch Milow. Im Weimaraner in ihm sehen wir immer wieder den „Nice to please"- Hund, der uns gefallen möchte und bereit ist, dafür alles zu geben. Er strebt nach Aufgaben und geht voll darin auf, wenn wir ihn auch geistig beschäftigen. So trainierten wir in der Hundeschule in Folge der Grundkommandos vor allem seine Impulse mit ihm, testeten ihn und seine Aufmerksamkeitsspanne und spielten mit ihm um Leckerlis. Die Übungen verbanden wir oftmals auch mit sportlichen Aktivitäten, sodass er auf doppelte Art und Weise beansprucht wurde.
Milows, schon von Welpen an, stets vorhandene Unruhe bekamen wir durch geistige Beschäftigungen meist gut in den Griff, sodass er relativ schnell runterkommen und sich einfacher entspannen konnte. Noch heute schieben wir solche Übungen immer mal wieder zwischen unsere sportlichen Aktivitäten mit ihm, um ihn auch geistig auszulasten und seine Intelligenz aufrecht zu erhalten. Da er von den Leckerlis – seinem gewöhnlichen Trockenfutter – nie genug bekommt, macht er es uns leicht, die Trainingseinheiten mit ihm meist konsequent bis zum Ende durchziehen zu können. So haben wir in der Hand, entscheiden zu können, wann die einzelnen Trainingseinheiten beendet werden.

JAKO

8

In den ersten Wochen kamen wir mit Milow an der Leine nur langsam voran. Auf sämtlichen Spaziergängen wurden wir angehalten, angesprochen und mit vielen Zuschauern konfrontiert. Er war der Hingucker überhaupt, ein echter Blickfang mit seinem drolligen Aussehen. Sein verhältnismäßig viel zu üppiges Fell für seinen zu der Zeit noch sehr kleinen Körper, seine viel zu großen Pfoten, ja echte Pranken, in Relation zu seinen schlaksigen Beinen und seine eisblauen Augen gekoppelt mit einem so treuen Blick ließen die Herzen der Menschen vollkommen erweichen. Nahezu jeder, der uns entgegenkam, blieb stehen oder verlangsamte zumindest seinen Schritt, um sich unseren Welpen genauer anschauen zu können.
Einige von ihnen wollten gerne mehr über ihn erfahren, andere hingegen ihn nur gerne streicheln. Wir konnten ihre Begeisterung für ihn absolut nachvollziehen, weil wir ja selbst so verliebt in ihn waren. Zudem waren wir natürlich auch ein bisschen stolz, Hundeeltern eines so prächtigen kleinen charmanten Kerls zu sein, der nicht nur durch sein Aussehen überzeugte, sondern auch durch seinen lebhaften und freundlichen Charakter, der den Menschen bald ebenfalls auffiel. Wenn möglich, nahmen wir uns auch die Zeit, mit den Menschen in Kontakt zu treten und ihnen mehr über den Labmaraner zu erzählen. Durch viele solcher Begegnungen wurde mir persönlich wieder einmal mehr bewusst, wie schnell man Menschen ein Lächeln ins Gesicht zaubern kann, wenn man ihnen nur einen Hundewelpen zeigt, und wie freundlich sich Menschen begegnen, wenn sie im Herzen erwärmt sind. Wie viel Sozialkontakt man hat, wenn man über Hunde ins Gespräch kommt. Mich freut es auch heute noch sehr, mich mit anderen Menschen über Hunde, besonders auch über diesen Hybrid, austauschen zu können.
Bei einigen Spaziergängen gerieten wir manchmal leider auch an Menschen, die sich entgegen unserer Erwartungshaltung vollkommen unverschämt uns und unserem Hund gegenüber zeigten. Die, ohne bei uns nachzufragen, unerwartet auf Milow zustürmten, um ihm von oben über den Kopf zu streicheln. Die aus heiterem Himmel Fotos von ihm machten, ohne dies vorher mit uns abzusprechen. Sie wunderten sich dann, wenn sich unser Welpe ihnen gegenüber schreckhaft verhielt und vielleicht etwas unfreundlicher als sonst reagierte. Nicht aggressiv, aber betont abweisend, indem er möglicherweise bellte.
Bei anderen Personen hingegen, die ihn – seinem Verständnis nach – zum Spielen aufgefordert hatten, verfiel er wiederum vollkommen in den Spielmodus und sprang sie an oder knabberte an ihren Händen. An der Stelle war auch für die Menschen der Spaß schnell wieder

vorbei.
So wurde unser Hund des Öfteren als „rüpelhaft“ oder „unerzogen“ bezeichnet, wenn seine Reaktionen die Menschen, aus unerklärlichen Gründen, überraschten. Sie suchten den Fehler bei ihm und nicht bei sich. Sein Verhalten war unangebracht, nicht ihres. So sahen sie es jedenfalls. Ich war in solchen Situationen leider meist viel zu überfordert, als dass ich den jeweiligen Personen auf ihr unverschämtes Verhalten sinnvoll hätte entgegnen können. Umso mehr freute und beruhigte es mich, dass sich unser Welpe schon selbst – freundlich, aber bestimmt – wehren und klar signalisieren konnte, wenn ihm etwas nicht passte.
Anders hingegen verhielt es sich mit Hundebesitzern, die wir beispielsweise im Stadtwald trafen und die sich über einen neuen Hund als Spielkamerad für ihren eigenen freuten. Sie hießen neue Hunde auf der Hundespielwiese stets willkommen, zeigten Verständnis für das Verhalten unseres Welpen und wussten, wie sie mit ihm umgehen mussten. Anfangs trafen wir oftmals die gleichen Hundebesitzer, sodass sie uns und Milow schnell wiedererkannten. Sie steuerten meist schon auf uns zu, wenn sie uns sahen, um sich ein Update von Milows Entwicklung abzuholen. Für die Hunde hingegen war er als Welpe noch ein unbeschriebenes Blatt. Unsere Hundetrainerin hatte uns damals nämlich verraten, dass erwachsene Hunde mit Welpen nicht viel anfangen können, weil diese für sie nicht kategorisierbar sind. Welpen haben wohl noch keinen Eigengeruch und stehen unter Welpenschutz. So wurde auch Milow von den anderen Hunden zwar akzeptiert und angenommen, jedoch nicht weiter groß beachtet. Mit der Zeit konnte er sich aber schnell ins Rudel auf der Spielwiese einfinden, dessen Besetzung sich je nach Tag und Uhrzeit änderte.
Dadurch, dass Milow so schnell gewachsen war und sich seine eisblauen Augen schon nach wenigen Wochen in bernsteinfarbene verwandelt hatten, erkannten ihn viele Hundebesitzer, die uns anfangs mitverfolgt hatten, schon bald nicht mehr wieder. So wurden wir des Öfteren, teils noch nach einigen Monaten, angesprochen, ob das Milow sei, den wir da an der Leine hätten. Wir, die wir ihn täglich sahen, bekamen seine Entwicklung ja dauerhaft mit, wenngleich sie uns auch sehr schnell voranschritt. Verwundern taten uns solche Nachfragen aber natürlich nicht – erst recht nicht, wenn sie von Personen kamen, die ihn lange Zeit nicht gesehen hatten. Denn innerhalb des ersten Jahres verwandelte sich Milow von einem kleinen süßen Welpen in ein hochbeiniges „Pony“, wie ich ihn heutzutage liebevoll nenne.
Dass seine Entwicklung im ersten Jahr so große Sprünge machen und er einmal so aussehen würde, wie er es schon nach wenigen

Monaten tat, hätten wir uns anfangs selbst so nicht ausgemalt. Doch auch wenn er schnell, einige betitelten es sogar als zu schnell, groß geworden war, bekamen wir mit ihm den Hund, den wir uns von der Größe her schon immer gewünscht hatten. Für mich persönlich kann ein Hund sowieso nie zu groß sein. „Je größer, desto menschlicher" finde ich irgendwie.

AniOne

9

In den ersten Monaten stellten wir unseren Welpen verschiedenen Hundesitterinnen vor. Wir hatten uns im Vorfeld ja bewusst dazu entschieden, fremde Personen mit der Betreuung von Milow zu beauftragen. Unsere Entscheidung wurde inzwischen auch noch einmal durch die Tatsache, dass sich Lilli, unser Familienhund, und Milow nicht so gut miteinander verstanden, bekräftigt. Die beiden können leider seit ihrem ersten Zusammentreffen nicht viel miteinander anfangen und dulden sich eher nur, wenn sie beieinander sind. Milow war Lilli schon immer etwas zu aufdringlich und sie war es zuvor nie gewohnt gewesen, sich beispielsweise den Garten meines Elternhauses oder mich mit einem anderen Hund teilen zu müssen. So knurrt sie ihn noch heute an, wenn sie bemüht ist, das, was ihr lieb ist, zu beschützen. Während solche Situationen sie extrem stressen, nimmt Milow meist nur kurz Notiz davon und ignoriert sie daraufhin. Von meinen Eltern wollte ich daher nicht verlangen, auf beide aufzupassen und mit ihnen gemeinsam spazieren gehen zu müssen, zumal sie dabei auch noch an den Leinen in verschiedene Richtungen ziehen. Alle anderen Familienmitglieder unserer beider Familien, bis auf den jüngeren Bruder meines Freundes, kamen für uns aus verschiedenen Gründen ebenfalls nicht in Betracht, auf Milow aufzupassen. Er bot sich aber immer gerne dafür an, wenn er Zeit hatte, und bildet noch heute mit Milow ein unschlagbares Team.
Auf unsere Stellenanzeigen, die wir zu unterschiedlichen Zeitpunkten online stellten, meldeten sich nur Hundesitterinnen, die sich Milows Betreuung zutrauten. Sie alle hatten Erfahrung mit Hunden, waren teils auch schon im Besitz eines eigenen gewesen, und zeigten sich zeitlich recht flexibel. Wir lernten mehrere von ihnen kennen und brachten sie mit Milow zusammen, damit wir alle einen ersten Eindruck voneinander bekommen konnten. Bei vielen von ihnen hatten wir ein gutes Gefühl, sodass wir letztlich zwischen ihnen wählen konnten – je nachdem, welche von ihnen zu den von uns angefragten Terminen Zeit hatte.
Eine der Hundesitterinnen, die studierte, hatte Milow bereits kennengelernt, nachdem er gerade einmal wenige Tage zuvor bei uns eingezogen war. Bei ihr zuhause war er mehrere Male zu Besuch, sodass sie seine Entwicklung kontinuierlich mitverfolgen konnte. Sie hatte ihn damals sofort in ihr Herz geschlossen und sich immer auf ihn gefreut, wenn er zu ihr kommen sollte. Mein Freund und ich konnten dann sehr beruhigt sein, weil wir wussten, dass es ihm bei ihr gutging. Generell war Milow aber schon immer offen für neue Bezugspersonen, gewesen, was wir daran gemerkt hatten, dass er selbstverständlich mit ihnen mitgegangen war und uns nicht einmal

mehr hinterher geschaut hatte. Es gab aber auch junge Frauen, welche die Aufgabe unterschätzt hatten und uns gegenüber dies auch äußerten. Sie waren mit ihm und seinem Verhalten schlichtweg überfordert – nicht zuletzt, weil er einfach oft sehr ungestüm war. So wollten sie seine Betreuung nicht weiter übernehmen.
Mit und mit brachten wir Milow aber auch das Alleinbleiben bei uns zuhause bei. Auch wenn wir die Hundebox schon früh als Ruheoase für ihn genutzt hatten, kam sie für uns als Aufenthaltsort zuhause ohne uns nicht in Frage. Denn wir wollten ihm mehr Raum geben, in dem er sich, ohne dass wir da waren, aufhalten und frei bewegen konnte. Doch wir hatten Bedenken, dass er dieses Privileg bei einer längeren Zeitspanne schamlos ausnutzen und unsere Wohnung auf den Kopf stellen würde. An der Stelle halfen uns die Erfahrungen der Hundeeltern seiner Geschwister aus der gleichen Zucht weiter.
Wir Hundeeltern hatten uns über das Internet kennengelernt, einander kontaktiert und uns schon mehrmals miteinander getroffen. Die anderen Hundeeltern sind überwiegend auch in unserem Alter und haben sich ebenfalls als Pärchen oder Familie gemeinsam einen Labmaraner geholt. Jedes Mal, wenn wir uns treffen, fühlt es sich so an, als wenn die Familie zusammenkommt. Irgendwie ist es ja auch so, schließlich sind wir eine große Labmaraner-Hunde-Familie. Ich habe die Mädels unglaublich liebgewonnen, freue mich immer sehr, wenn wir uns alle wiedersehen und Milow seine Geschwister zumindest für wenige Stunden trifft. Für diese Möglichkeit bin ich jedes Mal aufs Neue sehr dankbar.
Die meisten Hundeeltern handhabten es so, dass sie ihrem Labmaraner einen Raum zuhause zur Verfügung stellten, in dem er sich aufhalten durfte, wenn sie außer Haus waren. Dort verbrachten die Hunde teils auch einige Stunden ohne sie. Die anderen Pärchen sprachen uns Mut zu, dass wir Milow diesen Vertrauensvorschuss geben sollten, ohne mit ihm lange darauf hinzuarbeiten. Er lege sich bestimmt auch in der Zeit schlafen und richte kein großes Chaos an. Wichtige Sachen könnten wir ja aus dem Zimmer räumen, damit er mit ihnen keinen Schaden anrichten kann. Einige der Hundeeltern verwendeten zudem eine Kamera, mit der sie ihren Hund überwachen konnten. Sie positionierten diese so, dass sie volle und freie Sicht auf ihn hatten. Über ihr Handy konnten sie sich so dem Hund jederzeit live zuschalten und sogar mit ihm sprechen. Diese Möglichkeit half ihnen dabei, unterwegs entspannter zu sein, wenn sie ruhigen Gewissens sein können, dass mit ihrem Hund zuhause alles in Ordnung ist.
Wir machten es ihnen schließlich nach und ließen Milow eines Tages direkt für wenige Stunden alleine zuhause bei uns im Flur. Dieser war groß genug für ihn und von allen anderen Räumen durch Türen abgetrennt. Wir stellten alle Sachen weg, die vor ihm geschützt

werden sollten, positionierten einen vollen Wassernapf und ein Körbchen mit einer Decke mitten im Flur und gaben ihm eine Beschäftigung. Zudem schlossen wir alle Türen ab, da es schon öfters vorgekommen war, dass er die ein oder andere Tür selbstständig geöffnet hatte.

Siehe da: Milow beschäftigte sich in Seelenruhe mit seinem Spielzeug, trank hin und wieder etwas und legte sich schlafen. Uns fiel wirklich ein Stein von Herzen, als wir sein Verhalten über die Kamera mitverfolgen und somit ruhigen Gewissens sein konnten. Dadurch, dass Milow nun mit einigen Monaten für wenige Stunden alleine zuhause bleiben konnte, waren wir auf keine Hundesitterinnen mehr angewiesen. Inzwischen lassen wir ihn maximal bis zu fünf Stunden alleine zuhause, versuchen aber, die Zeitspanne geringer zu halten. Schließlich möchten wir ihm ungerne eine längere Zeit alleine zuhause zumuten und kein Gefühl der Einsamkeit bei ihm aufkommen lassen.

Auf die Hundetagesstätte und -pension bei uns in der Nähe griffen wir zum ersten Mal zurück, als ein Kurzurlaub ohne Milow anstand. Die Hundetagesstätte, welche auch als Hundepension fungiert, wurde uns von mehreren Personen in unserem Bekanntenkreis empfohlen, sodass wir Milow gerne frühestmöglich mit ihr vertraut machen wollten. Für eine dortige Aufnahme mussten wir jedoch verschiedene Anforderungen erfüllen: Milow musste einen Probetag vor Ort bestehen und wir waren dazu verpflichtet, mehrere Impfungen an ihm vorzuweisen.

Mit seinem guten Sozialverhalten bestand er die Aufnahme jedoch problemlos und schien sich zwischen so vielen anderen Hunden sehr wohl zu fühlen. Das teilten uns jedenfalls die sehr freundlichen Mitarbeiterinnen und Mitarbeiter der Hundetagesstätte und -pension mit. Auch wir hatten den gleichen Eindruck, als wir ihn am Probetag dort wieder abholten. Seit dem Tag fiept er jedes Mal ganz laut und aufgeregt im Auto, wenn wir ihn dort hinbringen, und zieht wie wild an der Leine Richtung Eingang. Wir sind sehr erleichtert darüber, dass es ihm dort anscheinend so gut gefällt. Seitdem bringen wir ihn immer dahin, wenn wir am Tag länger als fünf Stunden aus dem Haus sind oder aber in Urlaub ohne ihn fahren beziehungsweise fliegen.

10

Als Milow vier Monate alt war und davon bereits rund zwei Monate bei uns lebte, nahmen wir ihn mit nach Sylt in Urlaub. Es lagen einige Stunden Autofahrt vor uns, bis wir das Ferienhaus der Großeltern meines Freundes erreichten. Mit ihrer Landschaft und dem Meer bietet sich die Insel geradezu für Hunde an. Sie ist in so vielerlei Hinsicht extrem hundefreundlich, was auch wir im Rahmen unseres Aufenthaltes dort mit ihm erfahren durften. Da Milow glücklicherweise von Welpen an die meiste Zeit auf Autofahrten schlief, waren wir positiv gestimmt, dass er uns auch auf dieser Fahrt keine Probleme bereiten würde. Und so war es auch: Er schlief auf der kompletten Hinfahrt durch und wurde nur wach, als wir anhielten, um ihn zum Lösen rauszulassen und selbst eine kurze Rast zu machen.
Unsere Vorfreude auf den ersten gemeinsamen Urlaub mit ihm war riesig, zumal wir uns vorgenommen hatten, ihm zum ersten Mal das Meer zu zeigen. Da mein Freund jedoch berufliche Verpflichtungen vor Ort hatte, verbrachte ich die meiste Zeit am Tag mit ihm allein. Erst einige Tage nach unserer Ankunft reisten noch einige Familienmitglieder meines Freundes an, die Milow und mir tagsüber ab und an Gesellschaft im Haus und unterwegs leisteten.
Nachdem mein Freund und ich mit unserem Hund am Haus angekommen waren, machte Milow vor Ort erst einmal die Umgebung unsicher. Der hinter dem Haus gelegene Garten lud ihn förmlich dazu ein, sich darin zu bewegen und herumzutoben. In dem Alter, in dem Milow sich zu dem Zeitpunkt befand, sprudelte er nur so vor Energie, testete seine Grenzen aus und brachte uns mit seinem rebellischen Verhalten oftmals an den Rand des Wahnsinns. Er steckte mitten im Wachstum, was uns auch sein erstes Geschirr symbolisierte: Es war ihm inzwischen viel zu klein. Von den ganzen Eindrücken vor Ort war unser Hund wie hypnotisiert. Alles Neue musste er erst einmal verarbeiten. Doch dazu kam er vorerst gar nicht, denn die ganzen Eindrücke waren viel zu aufregend und spannend für ihn als dass er hätte darüber einschlafen oder sich gar entspannen können.
Auf den ersten gemeinsamen Urlaub mit Milow hatten wir uns schon frühzeitig gut vorbereitet: Neben seiner faltbaren Stofftransportbox aus dem Büro, Decken, seinem Futter, Leckerlis, Leinen, seinem Halsband und Geschirr sowie Kotbeuteln packten wir für ihn auch einige Spielsachen und viele Kauartikel ein. Denn wir wussten ja, dass für ihn alles Neuland sein würde, sodass er etwas brauchen könnte, was ihn von den ganzen, zu verarbeitenden Eindrücken ablenkte. So beschäftigten wir ihn also, wenn wir ihn nicht gerade geistig oder sportlich auslasteten, mit Spielsachen und Kauartikeln, die ihm dabei helfen sollten, entspannen zu können. An ihnen hätte er sich im

wahrsten Sinne des Wortes die Zähne ausbeißen können. Doch das Nagen an den Kauartikeln schien ihm nicht zu mehr Ruhe zu verhelfen, sondern drehte ihn zwischen den Powerphasen gefühlt noch einmal deutlich mehr auf. Milow war die meiste Zeit so aufgeregt, dass er in sämtliche Gegenstände reinbiss. Teils ging er uns beide sogar körperlich an und reagierte kaum noch auf unsere Kommandos geschweige denn Aufforderungen, zur Ruhe zu kommen.
So stellte sich die Zeit vor Ort für uns, besonders für mich – weil ich ja rund um die Uhr mit Milow zusammen war –, schon schnell als sehr anstrengend und herausfordernd dar. Denn er war nicht nur zuhause extrem aufgedreht, sondern vor allem auch draußen, wenn ich mit ihm an der Leine unterwegs war. So süß und hübsch ihn die Hundebegeisterten auf Sylt auch fanden, so schnell fiel ihnen allen auch auf, wie jung und energisch er doch war. Glücklicherweise sind die Menschen auf Sylt, wie bereits angesprochen, Hunden gegenüber sehr offen und tolerant. Sie bringen viel Verständnis für sie auf und sind recht nachsichtig mit ihnen. So stresste ich mich im Umgang und der Erziehung mit Milow womöglich mehr als andere. Trotzdem fiel es mir schwer, ihn in der Öffentlichkeit vor anderen Menschen maßzuregeln. Schließlich war ich sehr bemüht darum, vor Ort mit ihm nicht negativ aufzufallen. Mit seinem Verhalten wollte ich mich weder blamieren noch einen schlechten Eindruck hinterlassen. Denn ich hatte ja die Hoffnung, mit ihm an den Ort noch einmal zurückzukehren, wenn der Zeitpunkt dafür gekommen war.
So sehr ich mich auch mit unserem Hund beschäftigte, so wenig gelang es mir, sein dauerhaftes unangenehmes Verhalten in den Griff zu bekommen. Wenn ich freundlich zu ihm war, nutzte er die Situation schamlos aus und wurde ausfällig. Wenn ich ihm gegenüber lauter und energischer wurde, drehte er immer weiter auf. Ich wusste mir teilweise einfach keinen Rat mehr. Ich kann mich noch an so manchen Abend erinnern, an dem ich auf der Bettkante saß und sich in meinen Augen Tränen der Verzweiflung breitmachten. Milow stand vor mir, war vollkommen aufgebracht und ließ nicht von mir ab. Er attackierte mich, indem er immer wieder in meine Oberteile und Hosenbeine reinbiss, und konfrontierte mich mit seinen aufgebrachten Blicken. Der Moment war gekommen, als ich zum ersten Mal an meiner Berechtigung und Verantwortung als Hundemama sowie an unserer Hundeerziehung zweifelte. In Momenten wie diesen fühlte ich mich komplett überfordert mit ihm und war emotional völlig am Boden. Ich erkannte unseren einstigen drolligen Welpen nicht mehr wieder und empfand pure Enttäuschung und Wut. Ich wollte mir selbst nicht eingestehen, im Umgang mit ihm Fehler gemacht und mich möglicherweise überschätzt zu haben.
Da mein Freund tagsüber arbeiten und dadurch nicht ständig

greifbar für mich war, wandte ich mich in solchen Situationen an meine bereits erwähnte Freundin und meine Mutter. Sie beide sprachen mir Mut und Kraft am Telefon zu und empfahlen mir, den Kopf frei zu kriegen und die Ruhe mit Milow zu bewahren. Daran zu denken, dass der Ort für ihn vollkommen neu sei und er sich auch erst einmal einfinden müsse. Ich solle an der Erziehung mit ihm dranbleiben und nicht so viel an mir selbst zweifeln. Ihn mahnen, wenn er wieder überdreht und ihm klare Grenzen aufzeigen. Sicherlich würden wir das miteinander hinkriegen, vieles bräuchte eben manchmal nur Zeit, Geduld und Konsequenz. Während meine Freundin mir am Telefon klar aufzeigte, wie wichtig es jetzt schon sei, ihm überlegen zu sein, gab mir meine Mutter zu bedenken, ob ich mir mit ihm vielleicht nicht wirklich zu viel zugemutet habe. Ob es nicht vielleicht besser für uns sei, ihn zurück- beziehungsweise abzugeben. Sie selbst war nie ein Freund davon, Tiere wieder abzugeben, merkte allerdings auch, wie hilflos und verzweifelt ich in Situationen wie diesen war.
Die Worte meiner Mutter machten mich nicht traurig, sondern waren der Antrieb für mich, dranzubleiben, weiterzumachen, es besser als vorher zu machen und vor allem mir selbst zu beweisen, dass ich diesem Hund sowas von gewachsen war. Ich hatte noch nie den Gedanken in Erwägung gezogen, Milow abzugeben und wollte diesen auch nicht einmal ansatzweise verfolgen. Mein Freund und ich hatten uns damals für ihn entschieden und jetzt wollte ich meinen Mann beziehungsweise meine Frau stehen. Und auch wenn Milow mir zu dieser Zeit sämtlichen Nerv raubte, liebte ich ihn schon so sehr, als wäre er immer an meiner Seite gewesen. Ein Leben ohne ihn war für mich einfach undenkbar. So war Aufgeben auch keine Option für mich und ich nahm mir vor, ab diesem Zeitpunkt etwas zu ändern – und zwar an mir und meiner Rolle in unserer Beziehung. Im Nachhinein glaube ich übrigens, dass meine Mutter damals bewusst diese Worte am Telefon gewählt hatte, weil sie mich mit diesen nicht demütigen, sondern ermutigen wollte. Sie kannte mich wohl besser als jeder andere und wusste, dass ich sie als Auf- und Herausforderung annahm. Und dafür bin ich ihr auf ewig dankbar.
Es gab aber auch noch eine weitere wichtige Frau an unserer Seite, auf die wir bei Problemen in unserer Hundeerziehung glücklicherweise immer zurückgreifen konnten: unsere Hundetrainerin. Sie hatte uns in der letzten Trainingseinheit vor unserem Urlaub auf Sylt angeboten, sie kontaktieren zu können, wenn wir im Umgang mit Milow nicht mehr weiterwissen. So schilderte ich ihr an einem der ersten Tage Milows Verhalten und meine Reaktionen darauf per Nachricht übers Handy. Es dauerte nicht lange, bis sie mir antwortete und mich fragte, ob er am Zahnen ist. Diese Phase könne vieles erklären.
Natürlich war uns im Vorfeld bewusst gewesen, dass der Zahnwechsel

bei Hunden im Alter von vier Monaten beginnen konnte. Auf der Insel hatten wir diese Phase bei Milow aus unerklärlichen Gründen gar nicht in Erwägung gezogen. Also schaute ich mir sein Gebiss etwas genauer an und stutzte bei dem Anblick: Er schien mitten im Zahnwechsel zu stecken. Einige neue Zähne brachen schon durch, an manchen Stellen im Maul blutete er leicht. Das Zahnen mitsamt den Schmerzen schien ihm anscheinend so zuzusetzen, dass er mit sich selbst nichts anzufangen wusste – und wir hatten dies schlichtweg nicht bemerkt. Unsere Hundetrainerin hatte Recht gehabt.
Als ich unserer Hundetrainerin davon berichtete, erklärte sie mir, dass es absolut normal sei, dass sich Hunde in dieser Phase anders als sonst verhalten würden. Sie hätten, genauso wie wir Menschen, Schmerzen, wenn sich Veränderungen im Gebiss bemerkbar machen, und versuchen aktiv dagegen anzugehen. Sie empfahl mir, ihm immer wieder etwas Kühles zu verabreichen, sei es zum Fressen oder zum Lecken, was seine Schmerzen zumindest vorübergehend lindert und ihn beruhigt. Durch das Nagen an Kauartikeln würde er nur mit noch mehr Schmerzen zu kämpfen haben und sich mehr Wunden im Gebiss zuziehen. Zudem vergegenwärtigte sie mir, dass die Eindrücke allesamt für Milow zu viel seien. Er müsse zusätzlich zu seiner Zahngeschichte so vieles verarbeiten, dass er hinter den ganzen neuen Eindrücken nicht mehr hinterherkäme. Daher solle ich mich in den nächsten Tagen hauptsächlich auf ihn konzentrieren und versuchen, zwischendurch mehr Ruhephasen für uns beide einzubauen.
Ich kam den Tipps unserer Hundetrainerin nach und schon bald war Besserung in Sicht. Milow fand mehr Ruhe und seine Schmerzen schienen nachzulassen. Die Attacken wurden deutlich weniger und er war alles in allem wieder viel zugänglicher. Mich beruhigte das wirklich sehr. Zuhause bei uns in Köln empfand ich das anschließende Zahnen bei ihm übrigens als wesentlich erträglicher, weil er hier auch mehr zur Ruhe kam. Er legte mir viele seiner restlichen ausgefallenen Milchzähne fast täglich vor die Füße und baute damit irgendwie eine Verbindung zu mir auf. So kam es mir jedenfalls vor. In dieser Zeit war er auch sehr anhänglich und kuschelbedürftig, möglicherweise aufgrund seiner Schmerzen, weshalb ich ihm besonders viel Nähe und Aufmerksamkeit schenkte. Einige seiner Zähne bewahrte ich sogar auf.
Den restlichen Aufenthalt auf Sylt verbrachten wir relativ entspannt und genossen unsere erste gemeinsame Zeit am Meer miteinander. Die hohen Wellen beeindruckten ihn sehr und verschafften ihm Respekt. Ein bisschen fürchtete er sich sogar vor ihnen, wenngleich er auch am liebsten mit Vollgas in sie reingesprungen wäre. So lief er immer wieder parallel zu den Wellen mit einem gewissen Abstand

am Meer vorbei, traute sich aber letztlich nicht, mit den Pfoten hineinzugehen. Es war wirklich schön mitanzusehen, wie er den ersten Kontakt zum Wasser suchte. An der Stelle muss ich hinzufügen, dass wir bei uns zuhause in der Stadt nicht die große Auswahl an Gewässern haben, in denen es Hunden erlaubt ist, reinzugehen, geschweige denn darin zu schwimmen. So war es dort tatsächlich das erste Mal für uns, dass wir gemeinsam mit ihm das Wasser unsicher machen konnten. Und alleine der Versuch und die Aussicht reichten mir völlig aus, um noch heute davon schwärmen zu können.
Inzwischen ist Milow übrigens ein begnadeter Schwimmer. Er scheut kein Wasser mehr und stiftet jeden anderen Hund an, mit ihm dort reinzuspringen. Und wenn er einmal drin ist, schwimmt er seine Bahnen, dreht Pirouetten und möchte am liebsten nicht mehr heraus. Das Wasser schmackhaft gemacht, hat ihm der Hund meiner Cousine. In Milows zweitem Sommer waren meine Cousine und ich einmal zusammen mit unseren Freunden und den beiden Hunden an einem, von uns zuhause nahegelegenen, See gewesen, in dem wir die Hunde zusammen schwimmen lassen wollten. Nachdem der Hund meiner Cousine zuerst ins Wasser gesprungen war, ließ sich Milow nicht mehr auffordern, ebenfalls reinzuspringen und ihm nachzuschwimmen. Als wir ihm dann noch Stöckchen ins Wasser zuwarfen, die er uns bringen sollte, war kein Halten mehr.
Seit diesem Sommertag können wir mit ihm an keinem Wasser mehr vorbeigehen, ohne kurz dort anzuhalten. Hier kommt bei ihm eindeutig der Labbi mit seinen Schwimmhäuten durch, der das Wasser liebt und der sich darin sichtlich wohlfühlt. So sind wir noch an vielen weiteren heißen Sommertagen mit ihm zu Seen gefahren, in denen er sich durch das Schwimmen auspowern konnte. Und nicht nur er hatte dabei seinen Spaß, sondern wir auch. Als Hundeeltern waren wir so verdammt stolz auf ihn, weil er von Anfang an intuitiv richtig geschwommen war, ohne dass er es je gelernt hatte.

11

Rund acht Monate nach unserem Sylt-Aufenthalt fuhren wir mit Milow erneut in Urlaub: Diesmal ging es für uns nach Österreich. Wir wollten gerne zum ersten Mal gemeinsam mit ihm wandern gehen. Die Reise hatten wir nahezu bis ins Detail geplant, sodass wir uns schon sehr auf unsere Routen freuen konnten. Speziell für Milow hatten wir auch Badeseen herausgesucht, in denen Hunde schwimmen dürfen. Zudem hatten wir uns für ein Airbnb als Unterkunft entschieden, weil wir mit Milow gerne für uns sein wollten und in unserer Planung dadurch etwas flexibler waren. So traten wir frohen Mutes die rund siebenstündige Fahrt mit ihm an und waren voller Vorfreude auf unseren geplanten Aktivurlaub. Milow schlief während der Fahrt im Kofferraum und begnügte sich mit einer einzigen, dafür etwas längeren Rast zwischendurch. Als wir ankamen, war es früh am Nachmittag, sodass wir kurz einkaufen und anschließend eine große Runde mit Milow am nahegelegenen Achensee spazieren gehen konnten.

Von der fremden Umgebung, den ganzen Gerüchen und der wunderschönen Natur völlig eingenommen, zog uns Milow auf dem Weg zum See und vom See wieder zurück zum Parkplatz ununterbrochen hinter sich her. Er hielt an fast jedem Grashalm an, nahm nahezu jeden Stock vom Boden auf und tendierte zu jedem Fleckchen Wasser hin, das er nur aufspüren konnte. Ableinen wollten und durften wir ihn nicht, da in Österreich – was wir vorher auch nicht wussten, uns aber später jemand sagte – strenge Leinenpflicht gilt. Jäger dürfen nicht nur, sondern müssen auf freilaufende Hunde schießen, wenn sie diese sehen, weil sie Wild hetzen könnten. So waren wir nicht nur gehemmt, Milow abzuleinen, weil wir befürchteten, dass er erst einmal ohne uns das Weite suchen würde, sondern auch, weil wir Angst hatten, dass ihm dabei etwas passieren könnte.

Anhand seines Verhaltens merkten wir schnell, dass unser Leinenführigkeitstraining von Zuhause in dem Moment nicht den von uns gewünschten Effekt hatte. Im Gegenteil: Wir bekamen Milow überhaupt nicht mehr unter Kontrolle und waren ihm hilflos ausgeliefert, wenn wir vorankommen wollten. Immer wieder pfiffen wir ihn zu uns zurück, stellten uns vor ihn oder versuchten ihn abzulenken – vergeblich. Wir kümmerten ihn so gar nicht. Die neue Umgebung mit all ihren Reizen war für ihn um so vieles spannender, dass er riskierte, dass sich unsere Stimmung dämpfte und wir gefühlt den ganzen Abend lang von seinem Verhalten genervt waren. Nicht einmal seine enthusiastischen Schwimmeinheiten im kühlen See brachten ihn und uns etwas herunter.

Am Abend bereiteten wir uns das Essen selbst in unserer Unterkunft

den ganzen Abend lang von seinem Verhalten genervt waren. Nicht einmal seine enthusiastischen Schwimmeinheiten im kühlen See brachten ihn und uns etwas herunter.
Am Abend bereiteten wir uns das Essen selbst in unserer Unterkunft zu und hofften auf einen stressfreieren nächsten Tag mit Milow. Denn wir hatten uns so sehr auf das Wandern mit ihm gefreut, dass sein anstrengendes permanentes Ziehen an der Leine uns die Stimmung nicht vollends vermiesen sollte. Immerhin reden wir hier von keinem kleinen Hund, dessen Gewicht sich an der Leine kaum bemerkbar machte, sondern von einem ausgewachsenen hochstämmigen und kräftigen Hund, der mit seinem Gewicht die 30 kg Marke inzwischen geknackt hatte. Für den nächsten Tag nahmen wir uns aufgrund der langen Fahrt vom Vortag vor, in der Nähe unserer Unterkunft zu bleiben und mit Milow zwei extra für Hunde angelegte und abgesperrte Badeabschnitte aufzusuchen. Dort konnten wir ihn freilaufen lassen und er hatte sogar die Chance darauf, sich vor Ort gemeinsam mit anderen Hunden auspowern zu können. Alternativ wartete auf unseren hervorragenden Schwimmer auch das Wasser, sodass er voll auf seine Kosten kommen konnte.
Als wir am Vormittag am Badeabschnitt für Hunde in Pertisau ankamen, sahen wir, dass dieser bereits von einem anderen Hund, eine dem Labmaraner ähnliche Rasse, beschlagnahmt worden war. Auch Milow hatte seinen baldigen Spielkameraden schon längst aufgespürt und so ging das gleiche Spielchen vom Vortag wieder von vorne los. Er lief an der Leine vorne weg und versuchte uns möglichst schnell bis zum eingezäunten Abschnitt hinter sich herzuziehen. Mit unserem Dauerbegleiter, der Leckerlitasche, hielten wir jedoch dagegen und wendeten unser Erlerntes aus dem Leinenführigkeitstraining von zuhause an. Bis zum Abschnitt wollten wir Milow auf uns fokussieren. Wir gaben wirklich alles, dass er neben uns herlief, doch er konnte sich nur schwer konzentrieren. So waren wir schließlich froh, dass der abgetrennte Bereich nicht weit von unserem Parkplatz entfernt war und Milow endlich freilaufen und sich austoben konnte. Sein Spielkamerad und dessen Familie mit zwei kleinen Kindern waren von Milow sehr angetan und schauten ihm ganz begeistert dabei zu, wie er schnurstracks am Hund vorbei über die an die Wiese angelegte Leiter in den See sprang. Am Ende schwamm er mit einem weiteren Hund und den Kindern seiner Familie darin und fühlte sich pudelwohl. Für einen kurzen Moment befanden wir uns im langersehnten Urlaubsmodus.
Am Nachmittag machten wir uns mit Milow auf den Weg zum Tegernsee, an dem ebenfalls ein Badeabschnitt ausschließlich für Hunde angelegt war. Von den Parkplätzen aus führte ein langer Weg an einer Straße vorbei bis zum See. Hier war der Badeabschnitt

jedoch nicht eingezäunt, sodass viele Hundebesitzer ihre Hunde nicht von der Leine ließen. Nachdem uns Milow auch hier bis zum See hinter sich hergezogen hatte, wollten wir ihn aber gerne von der Leine befreien und schwimmen gehen lassen. Zudem forderten einige andere freilaufende Hunde ihn zum Spielen auf.
Da wir Milow an dem Nachmittag an der Flexi Leine hatten, weil diese ihm etwas mehr Freiheit gewährte, überlegten wir, ob wir ihn überhaupt ableinen sollen. Auch wenn sich Hunde ja nicht unbedingt an der Leine begegnen sollen, erschien es uns jedoch auch nicht als ganz so sicher, ihn dort frei herumlaufen zu lassen. Immerhin war die Hauptdurchfahrtsstraße, die zum See führte, nicht weit vom Badeabschnitt entfernt und offen zugänglich. So leinten wir ihn anfangs kurz ab, damit er schwimmen gehen konnte, und machten ihn dann aber auch schnell wieder an der Flexi Leine fest.
Es war nur ein kurzer Moment, in dem ich mir nichts dachte und Milow an der Leine einen Stock wenige Meter vor uns ins Wasser warf. Scheinbar schien ich dabei vergessen zu haben, dass ich zuvor die Flexi Leine auf Stopp gestellt hatte. Das bedeutete, dass sie sich nicht ausdehnen konnte, wenn Milow versuchen würde, an ihr zu ziehen. So kam es dazu, dass er logischerweise dem Stock hinterhersprang und mich an der Leine hinter sich herzog. Ich war davon so überrascht, dass es mir in der Situation nicht so schnell gelang, die Leine zu „entsperren". Ich drohte demzufolge im Kleid samt Rucksack auf meinem Rücken ins Wasser zu fallen.
Anstatt ich die Leine einfach losließ, krallte ich mich geistesgegenwärtig mit meinen nackten Füßen im Wasser fest, um dem Fall Stand zu halten. Meine Flip-Flops hatte ich zuvor an die Seite gelegt, da wir uns ja im Sand befanden und man dort in der Regel barfuß unterwegs ist. So dachte ich jedenfalls. Dass sie jedoch Schlimmeres hätten verhindern können, war für mich erst im Nachhinein einleuchtend gewesen. Während ich meine Zehen ziemlich fest im Sand verhakte, widerfuhr mich auf einmal ein schrecklicher Schmerz. Mit einem heftigen Ruck zog ich die Leine samt Milow zurück, pfiff ihn zu mir und versuchte die Zehen meines rechten Fußes zu krümmen. Keine Chance. Der pochende Schmerz war nicht auszuhalten. Mir war sofort klar: Ich musste mir einen Zeh gebrochen haben.
Beim Arzt im Notdienst bestätigte sich kurze Zeit später meine Vermutung und ich kam noch mit einem geraden Bruch im Zeh davon. Von einem Wanderurlaub riet er uns aber verständlicherweise ab. So brachen wir noch an diesem Abend unsere Reise ab und fuhren mit dem Gedanken nach Hause, diese zu einem späteren Zeitpunkt ohne Milow nachzuholen. Das taten wir auch wenige Monate danach an einem anderen Ort und waren froh darüber, wie alles gekommen war. Denn unser erster Urlaub in Österreich hatte uns gelehrt, dass

es einfach zu früh gewesen war, sich darauf zu verlassen, dass unser ein Jahr alter Hund, der sich voll in der Pubertät befand, Seite an Seite neben uns herwandern würde. Dafür war er einfach noch zu jung, zu untrainiert und -konzentriert. Hier half auch sein seit wenigen Wochen zuvor eingesetzter Kastrationschip noch nichts. So konnten und wollten wir Milows Verhalten ihm auch nicht zum Vorwurf machen.

Für uns war der erste Österreich Urlaub mit ihm viel mehr eine Erfahrung wert gewesen, die in uns den Ansporn geweckt hatte, mit ihm weiterhin an der Leinenführigkeit, auch und besonders in fremden Umgebungen, intensiv und konsequent zu arbeiten. Denn in unserem nächsten Urlaub sollte er wieder mit dabei sein und dafür taten wir nun alles in unserer Macht Stehende. Wir mussten dem Ganzen weiterhin einfach nur noch etwas Zeit und Muße geben.

KONG

12

Nachdem wir in der Hundeschule schon vor einiger Zeit die Basics in den Einzelstunden beendet und parallel dazu die Spielstunden mit anderen Hunden besucht hatten, versuchten wir uns anschließend an Trainingseinheiten in der Gruppe. Unserer Hundetrainerin ging es dabei darum, die Hunde unter Ablenkung, in dem Fall mit der Anwesenheit von anderen Hunden, zu trainieren. Sie sollten Ruhe bewahren, wenn andere Hunde ihren Weg kreuzten und leinenführig gehen, ohne sich von ihnen ablenken zu lassen. Bei Milow gestalteten sich die Trainingseinheiten in der Gruppe als sehr schwierig. Er konnte sich nur schlecht konzentrieren und auf uns fokussieren.

In einigen Stunden war Milow auch der einzig große Hund unter allen Anwesenden, sodass wir als seine Besitzer es am schwersten hatten, ihn zurückhalten, wenn er sich ablenken ließ. Als er noch ein Welpe gewesen war und sich in einem solchen Zustand befunden hatte, beschrieb unsere Hundetrainerin diesen immer mit den Worten: „Nach müde kommt doof." Nun hatten wir aber nicht das Gefühl, dass er schon ausgepowert, sondern mit der Gesamtsituation einfach komplett überfordert war. So kamen wir, nach unserem persönlichen Ermessen, mit den Trainingseinheiten in der Gruppe nicht weiter und sahen für die nächste Zeit erst einmal von der Hundeschule ab.

Im Laufe der Zeit und in Anbetracht unserer Urlaube wurde uns jedoch klar, dass wir mit unseren teils eigenen Trainingsmethoden im Alltag mit Milow noch häufig nicht klar- und vor allem nicht weiterkamen. Auch wenn er von Grund auf einen lieben Charakter hat und ein toller Hund ist, musste auch er weiter und vor allem richtig trainiert werden. So wollten wir uns auf seinem guten Gemüt nicht einfach ausruhen, sondern an seiner Erziehung weiterarbeiten. Dafür wollten wir gerne eine Expertin hinzuziehen, die sich in Einzelstunden konkret mit unserem Hund auseinandersetzt und uns dabei unterstützt, unsere Probleme in der Hundeerziehung gezielt in den Griff zu kriegen. Wir machten uns also auf die Suche nach der geeigneten Person und wurden schnell fündig.

Unsere neue Hundetrainerin war recht bekannt und vor allem gefragt, was uns schon einmal ein gutes Gefühl gab – schließlich musste sie dementsprechend viel können. Und so war es auch. In der ersten Einzelstunde brauchte sie nicht lange, um unseren pubertierenden Hund und uns richtig einschätzen zu können. Die von uns geschilderten Probleme im Alltag mit ihm waren ihr bekannt und sie wusste die Lösungsansätze dafür.

Wir für unseren Teil hatten uns von der ersten Einzelstunde mit ihr versprochen, dass sie uns zeigen würde, wie wir die Leinenführigkeit

mit Milow vernünftig aufbauen können. Denn diese hatte uns in der Vergangenheit ja die meisten Kopfschmerzen bereitet und uns schon unzählige Male um den Verstand gebracht. Doch anders als erwartet, war die Leinenführigkeit kein Gegenstand der ersten Stunde. Sie war zwar Bestandteil des Konstruktes, auf das wir zukünftig aufbauen sollten, auf ihr lag aber nicht der Hauptfokus – und vor allem nicht jetzt. Nachdem unsere neue Hundetrainerin sämtliche Schlüsse aus unseren Erzählungen und Milows Verhalten vor Ort hatte ziehen können, erklärte sie uns mittels Nachfragen, wie die Probleme mit ihm bei uns zustande kommen.
Zuerst einmal fragte sie uns, wie wir Milow bislang immer ausgelastet hätten. Wir entgegneten ihr, dass wir ihn, wenn möglich, viel freilaufen und mit anderen Hunden spielen gelassen sowie ihm des Öfteren Stöckchen zugeworfen hätten. Im Anschluss hakte sie nach, welche Rangposition er in unserem Miteinander habe. Wir erzählten ihr, dass er sehr an uns orientiert sei, oft schon zu sehr, sodass er mir in der Wohnung grundsätzlich hinterherrennt und mich teils versucht zu kontrollieren. So kam es mir zumindest häufig vor. Zudem empfange er unsere Gäste zuhause immer als erster, indem er bereits beim Klingeln zur Tür rennt und sie dort schon versucht abzufangen. Zusammenfassend stellten wir demzufolge fest, dass er selten, und wenn dann nur schlecht, zur Ruhe kommt. Mein Freund und ich teilten unserer neuen Hundetrainerin zudem mit, dass wir schon länger das Gefühl hatten, dass Milow seinen Platz bei uns bis zu dem Zeitpunkt noch nicht wirklich gefunden hatte.
Unsere neue Hundetrainerin versuchte uns zu erklären, wie und warum sich Milow so verhielt, wie er es tat. Zum einen fehlte ihm, laut ihrer Aussage, eine wichtige Aufgabe, die er uns gegenüber erbringen durfte, damit er zuhause seine Position als Pförtner ablegen konnte. An der Stelle griff unsere neue Hundetrainerin das Apportieren auf. Besonders Labradore lieben es zu apportieren und ihren Menschen damit zu gefallen. Durch das Training werden sie sowohl geistig als auch körperlich vollkommen ausgelastet und bauen eine engere Verbindung zu ihren Bezugspersonen auf, die sie dafür belohnen. Und apropos belohnen: An der Stelle empfahl sie uns, ihn ab sofort ausschließlich unterwegs zu füttern und nicht mehr zuhause. Für jeden einzelnen Leckerbissen sollte er Leistung erbringen. So hatten wir darüber die Möglichkeit, ihn mehr steuern zu können und an uns zu binden. Schließlich sind wir zukünftig seine einzige Nahrungsquelle, mit der er sich gut halten sollte, wenn er etwas zu fressen haben will. Und fressen konnte und vor allem wollte Milow schließlich immer. Ich sag nur: Labbi.
Parallel zum Apportieren sollten wir zum anderen dem Deckentraining mit ihm intensiver nachgehen. Sie gab uns als Aufgabe mit auf den

Weg, ihn immer wieder, kontinuierlich und konsequent, auf seine Decke im Korb zu schicken, wenn er sich von ihr wegbewegt. Die Decke soll für ihn einen Ruheort darstellen, an dem er sich nach getaner Arbeit entspannen und fallen lassen kann. Wenn Milow sich nach dreimaliger klarer Aufforderung nicht freiwillig zu ihr bewegen sollte, hätten wir die Aufgabe, ihn an einem Dübel in der Wand mittig knapp über seinem Korb mit der Leine kurz festzubinden. Dies soll ihm signalisieren, dass auf eine von ihm nicht erbrachte Tat eine klare Konsequenz unsererseits folgt. Zudem sollten wir ihn ebenfalls immer zur Decke schicken, wenn Besuch an der Tür klingelt. Mit dem Klingeln soll er nämlich bestenfalls den Gang zur Decke assoziieren und sich erst wieder von ihr wegbewegen, wenn wir es ihm erlauben. So waren die stürmische Begrüßung und das Anspringen der Gäste ab sofort für ihn tabu.
Viel Arbeit und verschiedene Trainingseinheiten lagen in den kommenden Wochen bis zum nächsten Treffen mit unserer neuen Hundetrainerin vor uns. Wir hatten vieles gehört und vorgeführt bekommen, was wir mit Milow jetzt nur noch in die Tat umsetzen mussten. Auf unsere finale Frage, was denn jetzt eigentlich mit dem Training der Leinenführigkeit sei, entgegnete uns die Hundetrainerin mit der Veranschaulichung des bereits oben kurz angerissenen Konstruktes. Sie führte uns vor Augen, dass die Leinenführigkeit nur einer von vielen Aspekten in der Hundeerziehung ist. Bevor wir diese mit Milow trainieren könnten, sollten vorher zunächst einmal das Apportier- und Deckentraining sicher funktionieren. Zudem müsste er die Funktion als Wachhund und generell das Gefühl, für jeden und alles verantwortlich zu sein, erfolgreich ablegen. Das Leinenführigkeitstraining würde uns dann umso leichter mit ihm fallen und sich fast schon von selbst ergeben, weil er sich aufgrund der anderen Trainingseinheiten ohnehin schon viel besser als vorher an uns orientieren würde.
So fanden wir uns zunächst damit ab, dem Leinenführigkeitstraining vorerst nicht unsere Hauptaufmerksamkeit zu schenken, und nahmen uns fest vor, in den kommenden Wochen die anderen Aufgaben mit ihm intensiv zu trainieren. Schließlich wollten wir ja erste Erfolge verzeichnen können. Für meinen Freund und mich waren die Aussagen unserer neuen Hundetrainerin sehr einleuchtend gewesen und erklärten Milows Verhalten ziemlich gut. Wir konnten endlich nachvollziehen, warum er so reagiere, wie er es tat, und verstanden, dass jede Verhaltensweise mit einer anderen zusammenhing, sie sich also gegenseitig bedingten. Aus dem ersten Treffen gingen wir mit der Vereinbarung heraus, mit Milow bis zur nächsten Einzelstunde dauerhaft am Geschirr spazieren zu gehen. Denn an diesem durfte er ziehen, solange er die Leinenführigkeit noch nicht beherrschte. Am

Halsband hingegen war das Ziehen strengstens verboten, sodass er an diesem grundsätzlich leinenführig gehen muss. Und bis wir an diesem Punkt waren, hatten wir erst einmal andere Verhaltensweisen zu korrigieren.

13

Neben der Analyse des Verhaltens unseres Hundes beeindruckte meinen Freund und mich noch eine ganz andere Feststellung, die unsere neue Hundetrainerin machte: Milow musste ihrer Ansicht nach Schmerzen am Rücken haben, da er dort eine ganz empfindliche heiße dickere Stelle hatte. Denn als sie ihn dort berührte, versuchte er ihr auszuweichen. Der Punkt war ihr anhand seiner Gangart sofort aufgefallen. Sie empfahl uns, damit zu einer befreundeten, ebenfalls sehr gefragten, Physiotherapeutin für Pferde und Hunde zu gehen. Am nächsten Tag machte ich direkt einen Termin bei ihr aus.

Noch bevor wir den Termin bei der Physiotherapeutin wahrnehmen konnten, vernahmen wir eines Morgens ganz plötzlich seltsame Verhaltensweisen von Milow, die wir im ersten Moment mit der empfindlichen Stelle an seinem Rücken gar nicht in Verbindung brachten. Er weigerte sich, aus seinem Körbchen aufzustehen, wollte uns nicht einmal begrüßen und konnte sich erst recht nicht motivieren, ein paar Schritte zu gehen. An diesem Morgen war alles anders als sonst. Er schleppte sich in unserer Wohnung von einer Ecke zur nächsten und ließ sich ganz vorsichtig zu Boden fallen. Zudem knurrte er uns erstmals in unserem bisherigen Zusammenleben an, als wir ihm näher oder gar an seine Beine kamen. Seine Pfoten durften wir auch beim Saubermachen nicht berühren. Er wirkte bei all dem sehr schmerzempfindlich. Zum Glück trank und fraß er noch normal. Doch wir wussten nicht, was er hatte oder was ihm fehlte, wie wir ihm helfen konnten. Denn seine Verhaltensweisen konnten alles und nichts bedeuten.

Ich beobachtete ihn einen halben Tag lang – glücklicherweise arbeitete ich für meine neue Arbeitsstelle zu der Zeit im Home-Office – bis ich mich dazu entschloss, die Tierarztpraxis mit ihm am Nachmittag aufzusuchen. Von unserer geschätzten Tierärztin hatte ich mir versprochen, dass sie den Grund für seine Verhaltensauffälligkeiten finden würde. Doch sie konnte auch nichts weiter feststellen als dass Milow an seinen Beinen schmerzempfindlich sein musste. Deshalb nahm sie ihm zunächst Blut ab, um zu schauen, ob er eine Entzündung im Körper hatte. Schon kurze Zeit später stellte sich heraus, dass er überdurchschnittlich hohe Entzündungsparameter im Körper aufwies, die seine Schmerzen und sein entsprechendes Verhalten erklären könnten. Damit war aber noch nicht die Frage geklärt, woher diese Entzündung überhaupt kam.

Mit dem Umstand, dass Milow eine Entzündung im Körper hatte, die seine Bewegung beeinträchtigte, wollten wir uns, und vor allem ich mich, nicht einfach zufriedengeben. Schließlich bekam er seit diesem Tierarztbesuch täglich eine recht hohe Dosis an Antibiotika

und Cortison von uns verabreicht, die seine starke Entzündung im Körper schnellstmöglich eindämmen sollte. Die Medikamente legten ihn allerdings so lahm, dass er in den folgenden Tagen die meiste Zeit schlief oder sich durch die Gegend schleppte. Ein Zustand, den wir so von ihm zuvor nicht gewohnt waren. Dieses Bild animierte uns noch mehr dazu, der eigentlichen Ursache auf den Grund zu gehen.
Also forschten wir nach ihr, indem wir alles dafür taten, um Näheres in Erfahrung bringen zu können. Unsere Tierärztin hatte beim ersten Termin den Begriff „Polyarthritis" in den Raum geworfen, was für eine Entzündung in mehreren Gelenken steht. Sie vermutete, dass es sich bei Milows Krankheitsbild möglicherweise um eine solche Entzündung handeln könnte. Schließlich hatte er Schmerzen in den Beinen, auch wenn diese weder warm noch angeschwollen waren. Denn beides sind typische Anzeichen einer Polyarthritis. Ursachen für eine Polyarthritis beim Hund sind in der Regel Infektionen, Traumata oder Immunschwächen.
In den Folgeterminen bei unserer Tierärztin ließen wir Milows Blut auf bestimmte Erreger testen, um Infektionserkrankungen wie beispielsweise Borreliose oder Leishmaniose ausschließen zu können. Keiner von all den getesteten meist auftretenden Erregern verhielt sich auffällig, sodass wir Infektionserkrankungen bei der weiteren Diagnose vorerst ausblenden konnten. Auch Traumata fielen in Milows Fall höchstwahrscheinlich weg, weil wir nichts derart Auffälliges beobachtet hatten. Mit jeder weiteren Eingrenzung wurde unsere Angst spürbar größer, dass es eine Immunschwäche bei ihm sein könnte, die möglicherweise ein Leben lang bestehen bleiben würde.
Unsere Tierärztin, die sich inzwischen mit den anderen Ärztinnen in der Tierarztpraxis besprochen hatte, konnte eine Immunschwäche als Ursache nicht völlig ausschließen. Sie sagte uns aber auch, dass die Ursache einer Entzündung im Körper eines Hundes in den meisten Fällen gar nicht gefunden werden kann. In Milows Fall war es inzwischen ohnehin schwer, seine Krankheitssymptome überhaupt noch richtig deuten und einordnen zu können, da sie durch die permanente starke Medikation verschoben wurden. Zudem war uns mittlerweile allen unklar, ob die Entzündung in seinem Körper nicht eventuell ein Zufallsbefund gewesen war, der möglicherweise getrennt von seinem Schmerzempfinden in den Beinen betrachtet werden musste.
Nach vielen weiteren Blutuntersuchungen stellte sich allmählich heraus, dass wir die Entzündung in Milows Körper erfolgreich bekämpfen konnten. Seine Schmerzen in den Beinen waren aber immer noch da. So schienen die Medikamente diesbezüglich nicht gegriffen zu haben, was wiederum bedeutete, dass die Entzündung

in keinem direkten Zusammenhang mit seinen Schmerzen gestanden hatte. Zu 100 Prozent wissen konnten wir es aber auch nicht. Die Tierärztinnen waren allmählich ratlos und verwiesen uns daher an Fachärzte aus den Bereichen Neurologie und Orthopädie. Die beiden Fachbereiche waren für sie am naheliegendsten, da sie sich, wenn überhaupt noch, Ursachen aus diesen Fachrichtungen als Erklärung für Milows Krankheitssymptome vorstellen konnten. Ich hatte ihnen anfangs ja auch von seiner warmen dickeren Stelle am Rücken erzählt, die unsere neue Hundetrainerin festgestellt hatte.
Unseres Erachtens hätte Milows empfindliche Stelle am Rücken möglicherweise orthopädisch oder physiologisch mit den Schmerzen in seinen Beinen zusammenhängen können. Vielleicht waren die Schmerzen ja bis tief runter in seine Pfoten ausgestrahlt. Die Tierärztinnen hatten diesen einen von uns angesehenen Knotenpunkt jedoch für nicht ausschlaggebend genug gehalten als dass er Milow solche Schmerzen in seinen Beinen hätte bereiten können. Um aber irrtümlicherweise nichts auszuschließen, zogen sie aus dem Grund den Orthopäden in ihre Überlegungen noch einmal mit rein. Der Neurologe hätte uns ihrer Ansicht nach helfen können, falls Milows Nerven beschädigt waren. Auch diese Überlegung war bei seinen unspezifischen Krankheitssymptomen nicht ganz auszuschließen.
Zwischen den zeitlich eng getakteten Terminen in unserer Tierarztpraxis suchte ich eines Mittags mit Milow den Notdienst auf, weil er mir an dem Morgen so gar nicht gefiel. Er kläffte mich nur noch an, wenn ich ihm ansatzweise näherkam und wirkte ansonsten komplett ausgeknockt. Vor Ort konnte der Tierarzt in der Notfallsprechstunde allerdings nichts Näheres feststellen, außer dass Milow an einer Vorderpfote besonders empfindlich war. Er entließ uns mit der Empfehlung, abzuwarten, mit unserer Tierarztpraxis weiterhin in Kontakt zu stehen und andernfalls Fachärzte aufzusuchen. Mehr konnte er zu dem Zeitpunkt leider auch nicht für uns tun.
Nach Rücksprache mit unserer Tierärztin reiste ich mit Milow einige Tage später zu einer Tierklinik. Dadurch, dass wir in der Notfallsprechstunde landeten, mussten wir bei heißen Außentemperaturen vor Ort fast drei Stunden auf die Fachärztin für Neurologie warten. Als wir endlich drankamen und ich ihr Milows Krankheitsverlauf schildern konnte, schaute sie sich ihn näher an und holte einen Orthopäden zur Beratung dazu. Beide mobilisierten ihn, kamen aber zu keinem klaren Ergebnis. Sie nahmen zwar auch sein leichtes Schmerzempfinden in den Beinen wahr, wussten in dem Moment aber auch nicht weiter. So verschrieb uns die Neurologin Schmerztabletten für Milow, die in der Regel Epileptiker Hunde einnehmen. Ich sollte unserem Hund diese verabreichen, wenn wir die Antibiotika und das Cortison langsam auslaufen gelassen haben. Ich entschied mich jedoch gegen die

Verabreichung dieser Tabletten, weil es sich für mich schlichtweg falsch anfühlte, Milow diese zu geben. Meiner Meinung und vor allem meinem Gefühl nach hatte er keine neurologische Erkrankung – und auf mein Gefühl hatte ich mich schon die ganze Zeit verlassen.
Wenige Tage später stand für uns dann auch endlich der Termin bei der Physiotherapeutin an. Kurze Zeit später wollte ich mit Milow schließlich noch einen Termin zur Vorstellung bei einem Facharzt für Orthopädie in einer weiteren Tierklinik wahrnehmen. Doch zu diesem Termin kam es nie, weil die Physiotherapeutin Milow helfen konnte. Vor Ort sah sie die Problematik schon, bevor ich überhaupt etwas sagen konnte, und ließ Milow und mich ein paar Schritte vor ihr auf- und abgehen. Nachdem ich versucht hatte, ihr in einer kurzen Zusammenfassung Milows Krankheitsverlauf näherzubringen, legte sie gleich Hand an und kümmerte sich um Milows Beschwerden.
Bereits an seiner Gangart hatte sie einen groben Beckenschiefstand festgestellt, den sie zuerst korrigierte. Anschließend renkte sie ihm sämtliche Wirbel wieder ein, zog an seinen Beinen und seinem Schwanz, gab ihm an der immer noch tastbaren warmen Schmerzstelle am Rücken eine Spritze und verabreichte ihm Akupunktur an seinen Hinterpfoten. Seine Beschwerden und Reaktionen auf Berührungen an den Beinen hatten sie in Anbetracht seiner eingeschränkten Mobilität in keinster Weise verwundert.
Nachdem sie Milow erfolgreich hatte helfen können, nahm sie sich Zeit für ein ausführliches Gespräch mit mir und teilte mir ihre persönlichen Einschätzungen zu ihm mit. Ihrer Meinung nach sei er im ersten Jahr zu schnell gewachsen, sodass seine Gelenke noch gar nicht ganz ausgereift waren. In seinen Bewegungen wirkte er für sie teils noch sehr unsicher. Mit seiner, von ihm aus gesehen, rechten Hinterpfote trat er beispielsweise gar nicht komplett auf. So käme er ihr ein bisschen vor wie ein Elefant im Porzellanladen, den man am liebsten noch einmal für ein bestimmtes Zeitfenster in einen Glaskasten stecken wollen würde, damit er von jeglichen, für ihn falschen Bewegungen verschont bleibe. Dass seine Schmerzen in den Beinen mit seiner warmen Stelle am Rücken durchaus zusammenhängen könnten, hielt sie nicht für ausgeschlossen. Woher jedoch die hohen Entzündungswerte in seinem Körper gestammt hatten und ob sie mit den anderen Beschwerden in Verbindung gebracht werden konnten, wusste sie auch nicht.
Die Physiotherapeutin riet uns, ihn in den kommenden Wochen durch das Schmeißen von Stöckchen oder Futterdummies bestenfalls nicht in die Situation zu bringen, ruckartig abbremsen zu müssen. Sprungartige Bewegungen waren nämlich nun für ihn, zumindest vorerst, tabu gewesen. Auch ein heftiges Raufen mit anderen Hunden sollten wir in Milows Sinne in den nächsten Wochen versuchen zu

vermeiden. Am Abrollen beziehungsweise, besser gesagt, Nicht-Abrollen seiner Pfoten hatte sie übrigens tatsächlich erkennen können, dass unsere Wohnung gefliest sein musste. So gab sie mir als Anregung mit auf den Weg, einen oder mehrere Teppiche als kleine Inseln für unsere Wohnung zu kaufen, auf denen Milow mit seinen Pfoten vernünftig abrollen und nicht mehr wegrutschen konnte. Für seinen Bewegungsapparat sei dies deutlich gesünder. Auch sein Geschirr sollten wir zukünftig enger schnüren, sodass es ihm genau passe. Die Leine wäre zukünftig am vorderen Haken des Geschirrs unmittelbar hinter seinem Nacken einzuhaken und nicht mehr mittig am Rücken, wo sich nahezu seine Schmerzstelle befand. Durch die Befestigung am vorderen Haken hätten wir ihn an der Leine auch deutlich besser im Griff.

Am Ende unseres Gespräches erkundigte ich mich noch nach ihren Einschätzungen zu Milows Fell. Denn ich hatte den Eindruck, dass sie uns auch diesbezüglich weiterhelfen konnte. Als Labmaraner ist Milow kurzhaarig und besitzt keine Unterwolle, sodass sein Fell wenig Pflege bedarf. Daher bürsteten wir ihn nur regelmäßig am ganzen Körper und duschten ihn ausschließlich – und selten mit Hundeshampoo – wenn es wirklich notwendig war. In letzter Zeit fiel uns aber leider auf, dass sein Fell nicht mehr ganz so dicht wie am Anfang, leicht fettig, schuppig und glanzlos war. An manchen winzigen Stellen an seinem Körper war Milow inzwischen sogar ganz kahl. Zudem schüttelte er sich des Öfteren und biss sich manches Mal selbst ins Fell. Uns ließ das Gefühl nicht los, dass mit ihm beziehungsweise mit seinem Fell gesundheitlich etwas nicht stimmen musste.

Die Physiotherapeutin sprach mich aufgrund meiner Äußerungen und Bedenken auf Milows Futter an. Denn das Fell eines Hundes stehe laut ihr in einem engen Zusammenhang mit dem verabreichten Futter. Ich erzählte ihr, dass wir Milow von Anfang an Trockenfutter zu fressen gaben und ihn hin und wieder mit Leckerlis oder Möhren belohnten. Sie meinte, dass sie viele Labmaraner kenne, weil sie allesamt bei ihr in Behandlung wären. Jeder von ihnen sei ein Allergiker Hund, was in dem Fall bedeutete, dass er nicht alles an Fressen vertrug, was sich meistens eben über das Fell äußern würde. So hatten sich die meisten dieser Labmaranerbesitzer dazu entschieden, ihren Hund zu barfen. Sie legte auch uns die Möglichkeit ans Herz, empfahl uns aber erst einmal abzuwarten und zu schauen, wie sich sein Fell mit der Zeit entwickelte. Als Übergangsmöglichkeit hätten wir ja auch noch die Option, auf Nassfutter umzusteigen. Für den Anfang gab sie mir aber erst einmal zwei Nahrungsergänzungsmittel mit, die sich positiv auf das Wachstum von MilowsGelenken und Nerven auswirken sollten. Da Milow inzwischen rund 32 kg wog, riet sie uns auch dazu, auf die Ration seiner Mahlzeiten zu achten und diese hin und wieder durch

Gemüse oder andere gesunde Snacks zu ersetzen.
Am Ende unserer Sitzung machten wir einen Folgetermin für einige Wochen später aus, bei dem sie sich Milow gerne erneut anschauen wollte. Ohnehin riet sie Hundebesitzern, ihren Hund in der Regel jedes halbe Jahr einmal bei einer Physiotherapeutin durchchecken zu lassen. Denn wie bei uns Menschen können beispielsweise schiefsitzende Wirbel derartig die Bewegungsfreiheit einschränken, dass ein solcher Besuch absolut lohnenswert sein kann. Zumal Hunde sich ja nicht so bemerkbar wie wir Menschen machen können, wenn sie unter Schmerzen leiden.
Beim Folgetermin war die Physiotherapeutin dann deutlich zufriedener als in der ersten Sitzung mit Milow und renkte ihn an wenigen Stellen nur noch einmal erneut ein. Sie stellte fest, dass er diesmal ein völlig anderer Hund sei, dem man seine vollumfängliche Bewegungsfreiheit wieder spürbar anmerken könne. Er würde einen viel freieren und sicheren Eindruck auf sie machen. Mit diesen Beurteilungen waren auch mein Freund und ich sehr glücklich. Schließlich lag uns Milows Gesundheit sehr am Herzen und wir hatten diesbezüglich in den letzten Wochen genug Nerven gelassen.
Nerven wie Drahtseile hatten wir lange zuvor übrigens nicht nur während Milows Zahnwechsel, sondern vor allem auch danach gehabt. Denn damals war es auch schon einmal um seine Gesundheit gegangen, als seine Tierärztin im Rahmen eines Check-up eine Fehlstellung seines Gebisses, nahezu einen Überbiss, festgestellt hatte. Wenn wir nicht rechtzeitig eingreifen würden, käme er um eine schiefe Verwachsung seiner Zähne nicht drum herum, so hatte es geheißen. Langfristig würde dies zu unerträglichen Schmerzen bei ihm führen, da ihm die Zähne permanent im Maul drücken würden. So hatten wir uns nach einigen Überlegungen – aufgrund der beiden risikobehafteten Vollnarkosen – für eine kieferorthopädische Behandlung bei ihm entschieden, die sich über einige Wochen hinweg gestreckt hatte.
Nachdem Bilder von Milows Gebiss angefertigt worden waren, hatte er an einem weiteren Termin eine Vollnarkose bekommen, in der ihm ein hautfarbener Guss als Schiene in seinen Oberkiefer eingearbeitet worden war. Dieser hatte im erhärteten Zustand ein gerades Wachstum seiner Zähne begünstigen sollen. In der Zeit hatte unser Hund viele Schmerzmedikamente von uns verabreicht bekommen und ganze drei Wochen lang an nichts knabbern dürfen. Auch beim Spielen hatte er sich zurückhalten müssen. Für uns war es sehr schwer gewesen, ihn davon dauerhaft abzuhalten. Dennoch hatten wir gewusst, dass der Eingriff nötig gewesen war und wir im Hinblick auf den ganzen Aufwand darauf zu achten hatten. Zum Glück war alles gut gegangen und Milow hatte nach einem Kontrolltermin in

einer weiteren Vollnarkose den Guss sauber entfernt bekommen. Der Eingriff hatte sich wirklich für ihn gelohnt und auch uns ein besseres Gefühl gegeben. Denn so waren wir auf Nummer sicher gegangen, dass er durch die Korrektur seiner Zähne niemals Probleme beim Kauen haben würde. Schon damals hatten wir mit ihm einen tapferen kleinen Kerl an unserer Seite.

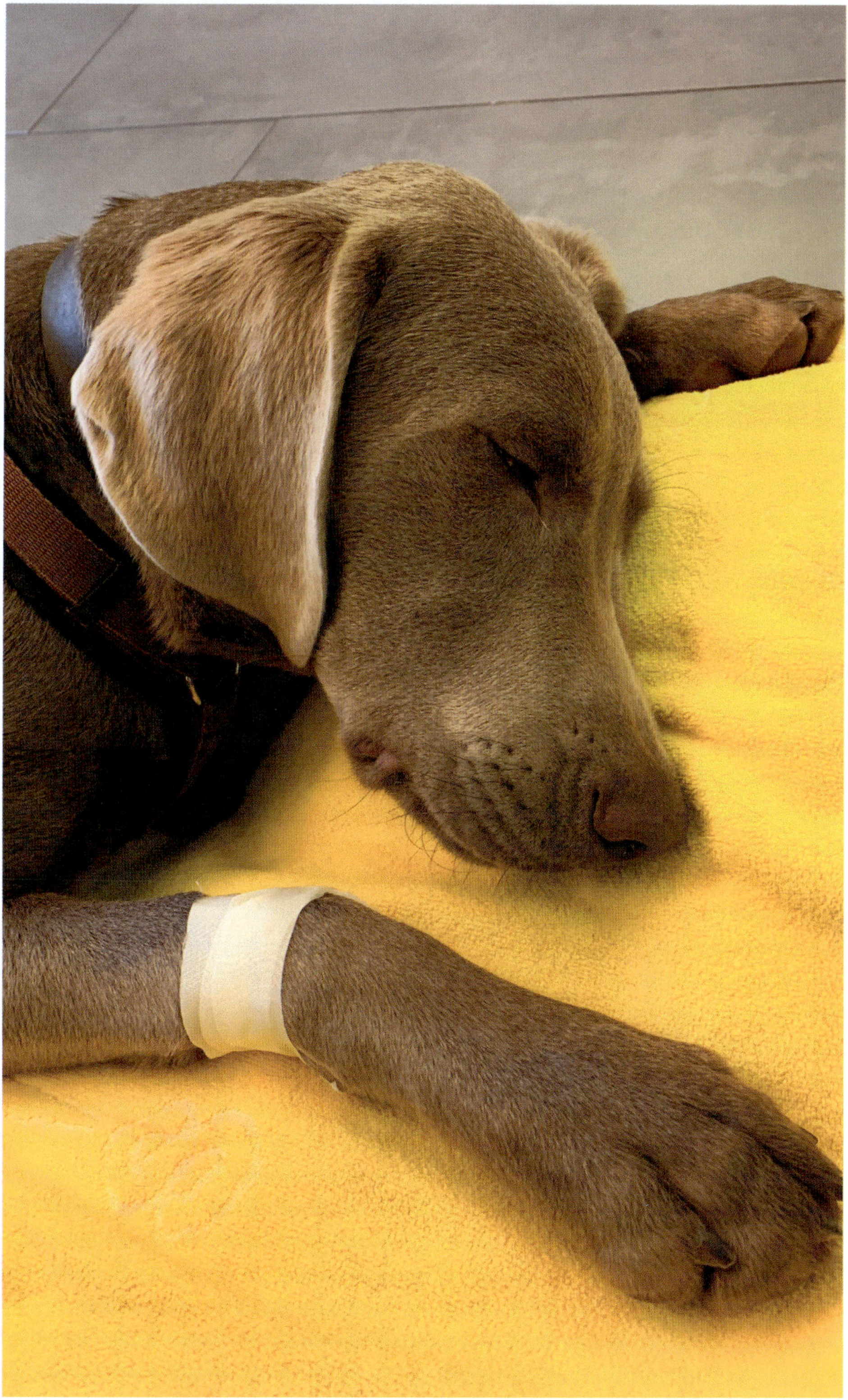

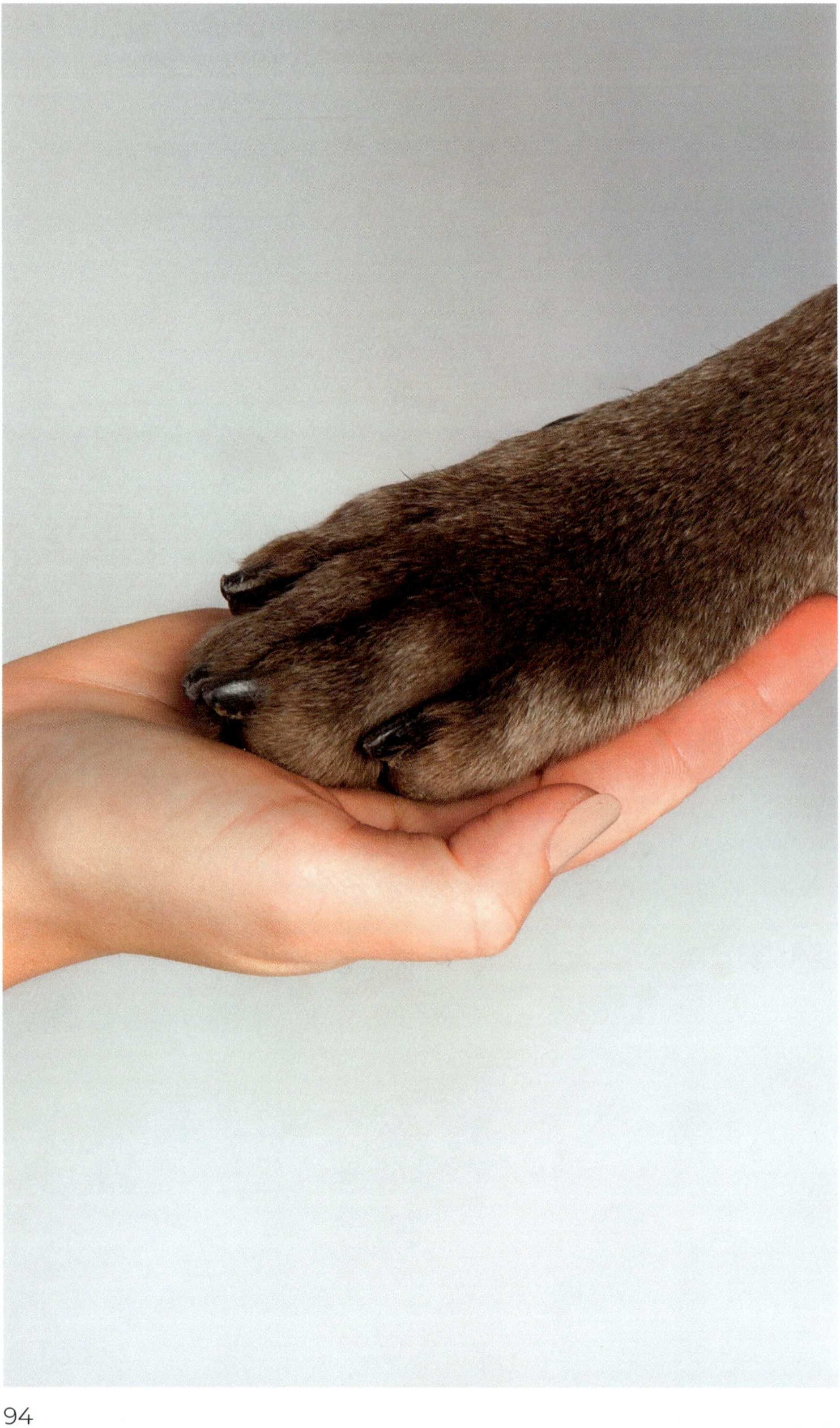

14

Inzwischen ist Milow zwar immer noch tapfer, aber alles andere als klein. Tollpatschig und stürmig nach wie vor, aber kein bisschen aggressiv. Und wenn er in seinen Spielmodus verfällt, dann knabbert er noch immer an unseren Händen, verletzt uns dabei aber nie. Mit ihm können wir raufen, toben und spielen, ohne Angst haben zu müssen, dass er uns gegenüber ausfällig werden könnte. Wenn wir ihn ansehen, ist er für uns gedanklich immer noch unser kleiner plüschiger und knautschiger Welpe, der uns mit seinem typischen Hundeblick in den Bann zieht. Vielleicht ist es gerade deshalb für uns oft so irreal, wenn wir registrieren, dass sich manche Menschen vor ihm fürchten.
Ja, er ist hochgewachsen, und ja, er wiegt üppige 32 kg, aber er ist keinesfalls furchteinflößend. Ich kann aber mittlerweile nachvollziehen, was Leuten an ihm missfällt: Seine Ungestümtheit, mit der er auf sie zu gerannt kommt, wenn er im Freilauf ist. Denn auf unseren Spaziergängen stellen wir immer wieder fest, dass ihn Menschen ganz anders wahrnehmen, wenn er an der Leine ist. Während sie an uns vorbeigehen, nehmen sie meist Blickkontakt mit ihm auf, lächeln ihn an, pfeifen ihm zu und sind völlig angetan von ihm. Läuft er hingegen frei an ihnen vorbei, empfinden sie ihn leider oftmals als zu stürmisch und distanzieren sich von ihm.
Anders hat es sich einmal mit einem kleinen Jungen im Alter von rund acht Jahren verhalten, den wir vor einiger Zeit mit seinem Vater im Stadtwald getroffen haben. Auch hier ist Milow frei herumgelaufen und hat sichtlich Spaß gehabt, sich im Laub uneingeschränkt bewegen zu können. Als der Junge sich ihm dann in den Weg gestellt hat und auf ihn zugelaufen ist, haben mein Freund und ich im ersten Moment panische Angst bekommen, dass Milow ihn mit seinem Gewicht vielleicht anrempeln oder gar umlaufen würde. Schließlich findet er noch heute alles und jeden extrem spannend, was oder der sich schnell bewegt oder ihn seinem Verständnis nach zum Spielen auffordert. Noch bevor wir weiterdenken konnten, sind die beiden auch schon aufeinandergetroffen.
Der Vater des kleinen Jungen hat der Situation jedoch entspannt entgegengesehen und sich in die Begegnung der beiden nicht eingemischt. Anstelle dessen hat er uns vielversprechende Blicke zugeworfen, die uns symbolisiert haben, dass wir uns keine Sorgen machen brauchten. Während wir drei den beiden dabei zugesehen haben, wie sie miteinander spielen, sind wir mit dem Vater des Jungen ins Gespräch gekommen. Er hat uns erzählt, dass sein Sohn von klein auf mit Hunden groß geworden sei, sodass er sich vor keinem Hund fürchten würde – egal wie groß, schwer oder stürmisch dieser auch

sei. Er hat mit ihnen umzugehen gewusst und sich entsprechend angemessen verhalten. Zudem sei sein Junge hart im Nehmen, wenn er beim Spielen einmal hinfalle.
An diesem sonnigen Mittag hätten wir den beiden am liebsten noch stundenlang dabei zugesehen, wie sie miteinander spielen und sich gegenseitig auspowern. Der kleine Junge hat immer wieder einen Stock in die Hand genommen, um Milow diesen zu werfen. Ab und an hat er ihn auch für einige Sekunden bei sich behalten, um Milows Geduld zu trainieren. Er hat unseren Hund beim Namen genannt, ihm Kommandos gegeben und belohnt, wenn er seinen Forderungen zufriedenstellend nachgekommen ist.
Ich hätte vor lauter Rührung, wie rücksichtsvoll Milow mit Kindern, wie beispielsweise diesem Jungen, umgeht, weinen können. In diesem Moment ist mir wieder einmal mehr bewusst geworden, wie viel Glück wir mit unserem Labmaraner eigentlich haben und was für einen unglaublich tollen und lieben Charakter er besitzt. Im Umgang mit dem Jungen hat er sich übrigens deutlich weniger stürmisch im Vergleich anderen Situationen gezeigt und sich von seiner besten Seite präsentiert. Für uns ist dieses Verhalten sehr vielversprechend gewesen – besonders auch im Hinblick auf das bald kommende Baby in unserer Familie. Denn meine Schwester ist zu dem Zeitpunkt schwanger und ich dementsprechend voller Vorfreude gewesen, meiner Nichte und gleichzeitig meinem Patenkind bald schon Milow vorstellen zu dürfen.
Noch bevor meine Nichte zur Welt kommen würde, versuchte ich mich, in meiner Verantwortung als Hundemama und baldige Patentante, auf das Zusammentreffen der beiden vorzubereiten. So überlegte ich mir, wie wir oder, besser gesagt, ich die Begegnung begünstigen könnte. Schließlich wollte ich zukünftig beiden gleichermaßen meine Aufmerksamkeit und Liebe schenken können, ohne dass es zu Diskrepanzen aufgrund von Eifersucht zwischen den beiden kommt. Auch wenn ich wusste, dass Milow von den Erzählungen über meine Nichte nichts verstand, berichtete ich ihm dennoch schon seit geraumer Zeit von unserem baldigen Familienzuwachs. Ich hoffte inständig, dass er meine Bedenken und gleichzeitig auch Erwartungen irgendwie verstehen würde.
Im Internet holte ich mir zudem Tipps, wie wir die beiden aufeinander vorbereiten und miteinander vertraut machen können. Auch wenn ich einige von ihnen als sinnvoll empfand, konnte ich mich letztlich doch nicht dazu durchringen, einem von ihnen auch wirklich nachzugehen. So nahm ich mir lediglich vor, Milow an die Leine zu nehmen, wenn er unserer Nichte das erste Mal begegnete. Dadurch hatte ich die Möglichkeit, ihn jederzeit zurückzuhalten, wenn er sich ihr unserem Empfinden nach zu sehr nähert und es potentiell

gefährlich für sie werden könnte.
Als sich die beiden dann zum ersten Mal in unserer Wohnung begegneten, war Milow zwar nicht angeleint, wurde aber durch meinen Freund und mich am Halsband zurückgehalten. So konnten meine Schwester und mein Schwager mit der Kleinen im Kinderwagen erst einmal ungehindert an uns vorbeigehen. Dadurch, dass meine Nichte schlief, der Kinderwagen von allen Seiten geschlossen war und wir zu viert drum herumstanden, sahen wir die Möglichkeit, Milow loslassen zu können. Wie schon erwartet, ergriff er sofort die Initiative und stürmte zum Wagen los, schnüffelte dann aber nur an ihm und schaute uns alle ganz aufgeregt an. Er merkte, dass irgendetwas neu war und das war auch sein gutes Recht. Schließlich musste er sich ja auch erst einmal mit der neuen Situation arrangieren. Während die Kleine weiterhin seelenruhig schlief, versuchte er wenige Male an ihrem Kinderwagen hochzuspringen, was wir aber sofort unterbanden. Wir zogen ihn dort weg und schickten ihm mit einem klaren Kommando auf seine Decke. Kurze Zeit später stand er dann von dieser auf, legte sich neben ihren Kinderwagen und fing an, sich sichtbar zu entspannen.
Als wir meine Nichte aus dem Kinderwagen holten und auf den Arm nahmen, verhielt er sich weiterhin vorbildlich und schnupperte mit einer gewissen Distanz in ihre Richtung. Wir schauten, dass er ihr nicht zu nahekam, aber schickten ihn auch nicht immer weg von ihr, weil wir wollten, dass er mit ihrer Anwesenheit keine negativen Konsequenzen für ihn assoziiert. Zudem schenkten wir ihm zwischendurch auch immer mal wieder unsere Aufmerksamkeit, damit er sich nicht benachteiligt fühlte. Schließlich wollten wir keine Disharmonie aufkommen lassen. Zu dieser kam es aber auch bei allen weiteren Treffen bislang nicht, da wir uns immer gleich verhielten und Milow im Griff hatten.
Auch wenn ich unserem Hund zu 100 Prozent vertraue und seinen Charakter kenne, will ich meine Hand niemals dafür ins Feuer legen, dass er keinem etwas antun würde. Meiner Meinung nach kann einem diese Sicherheit kein Hundebesitzer dieser Welt geben. Daher sollten Kinder, meines Erachtens, niemals ohne Aufsicht mit einem Hund alleine gelassen werden. Ich bin mir sicher, dass wenn Milow um seine Zähne, Kraft und Stärke wüsste, er sie gegebenenfalls auch anwenden würde. Und im Zweifelsfall täte er dies auch, wenn er müsste – alleine, um uns zu beschützen. Von diesem Gedanken will ich mich gar nicht lossprechen, zumal ich ihn auch als sehr beruhigend empfinde.

15

Mittlerweile ist Milow rund eineinhalb Jahre alt. Wir versuchen ihm und seinen Bedürfnissen täglich gerecht zu werden und trainieren nach wie vor fleißig mit ihm, um an unsere Erfolgserlebnisse anknüpfen zu können. So integrieren wir das Apporttraining in unseren Alltag und lassen auch das Deckentraining ab und an in verschiedenen Situationen miteinfließen. Gefüttert wird er größtenteils nur noch draußen, wenn wir auch die Leinenführigkeit intensiv mit ihm üben. Inzwischen hat sie bei uns die höchste Priorität. Dadurch, dass er sich in den letzten Monaten im Rahmen der Trainingseinheiten so gut angestellt hat, darf er inzwischen auch wieder neben uns auf die Couch. Auf dieser – und nur auf dieser – mutiert er immer zum Kuschelhund, wovon natürlich auch wir sehr profitieren. Sein Tagesprogramm mit uns versuchen wir möglichst abwechslungsreich zu gestalten, wenn es uns eben gelingt. Denn wir wissen um sein geistiges und körperliches hohes Energieniveau und kennen den Zustand, wenn er rundum glücklich und zufrieden ist.

Wenn Menschen uns unterwegs auf Milow ansprechen, dann meistens, weil sie die Kombination seiner Rassen Labrador und Weimaraner so schön finden. Daraufhin folgt meist die Frage, ob wir ihn denn weiterempfehlen, und wenn ja, ihnen die Adresse seiner Züchterin geben können. An der Stelle helfe ich zwar immer gerne weiter, bleibe in meinen Erzählungen aber auch stets bei der Wahrheit. So versuche ich, viele unserer einstigen Hürden nicht schönzureden. Denn ich finde es wichtig, dass sich Hundehalter im Vorfeld darüber bewusst sind, auf was sie sich mit der Anschaffung eines Tieres, in dem Fall eines Hundes, einlassen. Auch wir hatten uns schon lange vor Milow mit dem Thema Hund auseinandergesetzt, wenngleich wir letztlich nicht genau wussten, was uns mit einem Labmaraner erwarten würde. Dennoch waren mein Freund und ich für das Abenteuer bereit gewesen.

Heute bin ich froh, dass wir so oft Mut bewiesen und die Hundeerziehung letztlich doch noch so konsequent durchgezogen haben. Denn dadurch haben wir einen treuen Begleiter in unserem Leben dazugewonnen, den wir nie mehr missen möchten. An der Stelle möchte ich auch noch einmal ganz herzlich meinem Freund danken, der immer für uns da gewesen ist und ohne den vieles so nicht möglich gewesen wäre.

Auf ein noch möglichst langes und erfülltes Leben mit Milow (aka Milowmann, Mr. Milowski oder Miloff) an unserer Seite…

Teresa & ♡
Milow

ONE DAY THINGS
WILL GET BETTER.
UNTIL THEN
HERE IS A DRAWING
OF A BUNNY.

Die Rechte einiger Bilder in diesem Buch liegen bei der großartigen Fotografin Theresa Wallrath.